MEMORIA de la HISTORIA

Episodios

Memoria de la Historia pretende ofrecer a los lectores la Historia contada por quienes la hicieron, por los mismos *personajes* que en vez de figurar en las páginas de los libros como objeto pasivo, adquieren voz y nos cuentan su vida y su peripecia en primera persona. La Historia como una novela personal, autobiográfica, en la que todo lo que aparece en estas páginas es verdad, con hechos ciertos y comprobados, pero que se presentan con la inmediatez y el dramatismo que da al relato la voz del protagonista, supuesto historiador de sí mismo gracias a la pluma de unos escritores que consiguen el difícil y apasionante equilibrio entre los materiales de la crónica, tratados con el máximo respeto, y el enfoque que corresponde a la más amena de las narraciones novelescas. Otra vertiente de estas semblanzas es la evocación de *episodios* del pasado en tercera persona con todo el rigor que exige el trabajo del historiador y la amenidad de la novela.

Éste es el objetivo de una colección que aspira a fundir lo más atractivo que pueden ofrecer la historia y la literatura.

Los templarios
y otros enigmas medievales

Juan Eslava Galán
Los templarios y otros enigmas medievales

Planeta

Este libro no podrá ser reproducido, ni total ni parcialmente, sin el previo permiso escrito del editor. Todos los derechos reservados

© Juan Eslava Galán, 1992
© Editorial Planeta, S. A., 1997
  Córcega, 273-279, 08008 Barcelona (España)
Ilustración al cuidado de Antonio Padilla
Diseño colección y cubierta de Hans Romberg
Ilustraciones cubierta: escultura en mármol del siglo XII que representa la cabeza de un rey, Museo Nacional, Budapest, y detalle de una miniatura francesa del siglo XV que representa a caballeros cruzados con cabezas de turcos en las puntas de sus lanzas, Biblioteca Nacional, París

Procedencia de las ilustraciones: Archivo Editorial Planeta, Autor

1.ª a 11.ª ediciones: de enero de 1992 a febrero de 1996
12.ª edición: noviembre de 1997
Depósito Legal: B. 44.087-1997
ISBN 84-320-4548-9
Composición: Ormograf, S. A.
Impresión: Liberduplex, S. L.
Encuadernación: Encuadernaciones Roma, S. L.
Printed in Spain - Impreso en España

Índice

- 9 Los Templarios
  - 12 El lugar del Templo en Jerusalén
  - 14 Las órdenes militares
  - 18 Las riquezas del Temple
  - 21 Reglas y costumbres
  - 29 Cruzada en Oriente
  - 30 La pesadilla de los arqueros turcos
  - 35 El Temple en España
  - 37 La orden de Calatrava
  - 39 El crepúsculo de los dioses
  - 49 El gran maestre en la hoguera
  - 50 Los misterios
  - 65 Y, sin embargo, quizá haya un misterio templario
- 67 El Rey Arturo y los caballeros de la Tabla Redonda
  - 68 El Ciclo Bretón
  - 69 El que sería rey
  - 72 Las páginas vacías de la historia inglesa
  - 73 Se encuentra la tumba de Arturo
  - 76 Los lugares artúricos: Tintagel
  - 77 Glastonbury
  - 78 Cadbury: la corte del rey Arturo
- 81 El Santo Grial
  - 84 Origen de la leyenda
  - 86 España, tierra de griales
- 89 Los cátaros
  - 95 Cruzada contra cristianos
  - 101 Montségur
  - 103 La herejía que fascinó a las nazis
- 105 La caída de Constantinopla
  - 106 Más de un millón de habitantes
  - 108 El silencio de Occidente
  - 109 El monstruo de bronce
  - 113 El asedio

116	Un rayo de esperanza
122	El asalto final
127	El tesoro de Salomón
131	En busca del tesoro: Toledo
132	Jaén
135	Rennes-le-Château
139	Fernando IV: el rey que murió a plazo fijo
140	La Peña de Martos
142	Constitución enfermiza
143	¿Trombosis coronaria?
144	La Cruz del Lloro
147	Esplendor y caída de los almohades
148	El hijo del sacristán
150	La conquista
154	La batalla de Alarcos
155	Las Navas de Tolosa
159	Vikingos en España
161	Vikingos en Asturias
164	El embajador y la reina
166	Artillería naval
171	La violación de Florinda y la pérdida de España
175	La traición de don Julián
179	Bibliografía específica
181	Índice onomástico

1. LOS TEMPLARIOS

En el siglo XI se pusieron de moda las peregrinaciones a lugares sagrados, especialmente a Roma, a Santiago de Compostela y a los Santos Lugares donde transcurrieron la vida, pasión y muerte de Jesucristo. La más alta meta de un peregrino consistía en viajar a Jerusalén para postrarse en el santuario que albergaba el Santo Sepulcro. Cada vez eran más numerosos los europeos que arrostraban la mística aventura de marchar a Tierra Santa. Para ello seguían unos itinerarios precisos en los que podían encontrar hospederías, hospitales y lugares de acogida costeados por entidades piadosas, y una mínima infraestructura que mitigaba los azares e incomodidades del largo camino.

Este viaje solía durar muchos meses. Algunos peregrinos lo emprendían por pura devoción, que quizá disimulaba un deseo de ver mundo; otros lo hacían a modo de penitencia, para expiar grandes pecados. Las peregrinaciones a Jerusalén, símbolo aceptado de la ciudad celestial, se fueron haciendo usuales en una Europa cuya curiosidad, afán de saber y poder económico habían crecido notablemente en los últimos tiempos.

El mapa político del mundo parecía haber alcanzado cierta estabilidad. Después de las conquistas islámicas, el Mediterráneo quedaba escindido en dos bloques antagónicos: al Sur, ocupando Oriente Medio, el norte de África y la mitad de la península Ibérica, el conjunto de los países musulmanes; al Norte, los países cristianos, que se extendían por la parte septentrional de la península Ibérica y el resto de Europa y Asia Menor. Eran estados feudales estructurados según complicados códigos de vasallaje. La atomización y delegación de poderes que ello comportaba constituía un obstáculo para el desarrollo económico y social de aquellos países. Además, favorecía las guerras nobiliarias, el bandolerismo y los conflictos internos.

A pesar de todo, la economía del bloque latino se recuperó notablemente, estimulada por el crecimiento de la población. Se roturaban nuevas tierras para cultivo, se organizaban vías comerciales que canalizaban los excedentes hacia nuevos mercados, crecía la demanda de productos exóticos y mercancías de lujo y hasta se observaba un predominio naval italiano en el Mediterráneo. Los ricos armadores y comerciantes de Venecia, Génova y Pisa fijaron sus ávidos ojos en los prometedores mercados de Oriente...

En el aspecto militar, el bloque latino gozaba de envidiable salud y parecía encontrarse en el ápice de su fuerza. Si acaso, la oferta de hombres de armas superaba a la demanda. Cientos de vástagos de nobles familias, desheredados por absurdas leyes de primogenitura, se encontraban por único patrimonio el entrenamiento militar que era base de su educación. Ante tal abundancia y disponibilidad de profesionales armados, la Iglesia tuteló la creación de instituciones caballerescas para encauzar positivamente las energías destructivas de tanta gente consagrada a la violencia. No siempre lo consiguió. En cualquier caso, la sociedad feudal generaba un exceso de guerreros que solían emplearse en sórdidos conflictos internos provocados por fútiles motivos. Europa iba tomando conciencia de su fuerza y esta potencia necesitaba un cauce que le permitiera traspasar sus estrechas fronteras.

Otro elemento importante era la Iglesia. La autoridad de los papas se había robustecido después de los recientes conflictos con el poder civil. Su voz se hacía oír en la Cristiandad y su autoridad era unánimemente aceptada. Este poder se fundaba en el fervor religioso del pueblo y de la nobleza. Se trataba de una religiosidad supersticiosa, y milagrera, proclive a interpretar como señales sobrenaturales los más sencillos fenómenos. Cualquier incendio, naufragio o epidemia –y había muchos– se tomaban como manifestación inequívoca de la cólera divina. El pueblo estaba dispuesto a obedecer ciegamente a los visionarios y santones que hablaban en nombre de Dios.

Tierra Santa estaba bajo el dominio de los califas abbasíes de Bagdad. Éstos, aunque profesaban la religión islámica, no tenían inconveniente en respetar y favorecer las peregrinaciones cristianas a sus posesiones. Al fin y al cabo, los visitantes les proporcionaban saneados ingresos, comparables a los que algunos Estados actuales obtienen de la explotación turística de un santuario famoso.

Pero, mediado el siglo, los belicosos e intolerantes turcos selyúcidas se apoderaron de toda la región. A los países de Occidente comenzaron a llegar terribles noticias de calamidades y sufrimientos padecidos por los pacíficos peregrinos a manos de aquellos bárbaros. Estas historias continuaron circulando, exageradas incluso, cuando ya la situación en Tierra Santa había mejorado notablemente.

Rescatar Tierra Santa de los infieles y restablecer la seguridad en las rutas de peregrinación fue solamente una excusa. Las causas verdaderas de las cruzadas son sociales, políticas y económicas. El factor religioso fue simplemente un pretexto para arrastrar a la guerra santa a una muchedumbre de personas de toda condición social que se sintió fascinada por la empresa de ganar para la fe de Cristo los Santos Lugares.

El 18 de noviembre de 1095 comenzaron las sesiones del concilio que el papa Urbano II había convocado en Clermont (Francia). Los prelados y miembros de la alta nobleza asistentes fueron tan numerosos que no cabían en la catedral y la asamblea hubo de trasladarse al aire libre. El papa prometió remisión de todos los pecados a aquellos que se alistaran en una peregrinación armada para rescatar de manos infieles los Santos Lugares. El concilio sancionó la cruzada. Legados pontificios recorrieron los reinos latinos informando a prelados y gobernantes. Los púlpitos divulgaron la noticia. El pueblo acogió el proyecto con fanático entusiasmo. Al grito de *Deus volt, Deus volt* (Dios lo quiere, Dios lo quiere), una muchedumbre de personas de toda condición se dispuso alegremente a participar en la aventura. Los peregrinos cosían sobre el hombro derecho de sus mantos o túnicas el distintivo de una cruz de trapo rojo. Por este motivo se los llamó *cruzados* y a las expediciones que los condujeron a Oriente, *cruzadas*. Teniendo en cuenta que se trataba de una expedición guerrera, los contingentes militarmente ineficaces que acudían a la convocatoria constituían un estorbo más que una ayuda, pero, no obstante, nadie fue rechazado. Decenas de miles de campesinos y artesanos malbarataron sus pertenencias para adquirir dinero y armas con las que concurrir a la cruzada. Muchos llevaban consigo a sus mujeres e hijos.

Todo el bloque de los países latinos se entregó a una frenética actividad. La improvisación y falta de coordinación de los mandos era tal que se prepararon simultáneamente varias expediciones. Habría una cruzada oficial, capitaneada por la alta nobleza y supervisada por el papa, y otras varias cruzadas populares más o menos espontáneas, caracterizadas por la indisciplina de sus componentes. De éstas, la más importante fue la acaudillada por Pedro el Ermitaño, un carismático predicador que arrastraba tras de sí a una muchedumbre fanatizada. Atravesaron Europa cometiendo tropelías y saqueando a su paso las ciudades cristianas, y fueron aniquilados por los turcos en el valle de Dracón, camino de Nicea. Sólo se salvaron del degüello las mujeres y niños aptos para los harenes.

El lugar del Templo de Jerusalén

El 15 de julio de 1099, tres años después de la partida, los cruzados alcanzaban su principal objetivo: se adueñaban, después de cruento asedio, de la ciudad sagrada de Jerusalén. La matanza de sus habitantes musulmanes y judíos fue espantosa. A pesar de las garantías ofrecidas por los líderes cristianos, la población de la ciudad fue pasada a cuchillo, sin respetar sexo ni edad. Un cronista anota: «Entrados en la ciudad nuestros peregrinos persiguieron y aniquilaron a los musulmanes hasta el Templo de Salomón, donde se habían congregado y donde se libró el combate más encarnizado de la jornada hasta el punto de que todo el lugar estaba encharcado de sangre.» Un testigo presencial precisa: «La carnicería fue tal que la sangre les llegaba a los nuestros hasta los tobillos.»

Jerusalén fue parcialmente repoblada y se convirtió en capital de un reino cristiano de estructura feudal similar al francés. Con la conquista de Jerusalén quedaba expedito el camino tradicionalmente seguido por los peregrinos y penitentes que acudían a adorar el Santo Sepulcro. Quedaba también abierta la rica ruta de mercaderías, tan codiciada por los emporios mercantiles europeos. Una ruta a través de la cual se canalizaron hacia Europa los productos de lujo que demandaba una nueva sociedad económicamente pujante: especias, seda, lino, pieles, camelotes, tapices y orfebrería.

Pero el dominio cristiano sobre los Santos Lugares resultó muy precario. Después de la conquista de Jerusalén, la mayoría de los peregrinos armados sólo pensaban en emprender el regreso a sus lugares de origen donde sus familias y posesiones los esperaban. Solamente unos trescientos caballeros y algunos miles de infantes decidieron establecerse en Tierra Santa para defender las conquistas cristianas o para medrar en la nueva tierra. Aquella estrecha franja de terreno, rodeada por un océano de musulmanes hostiles, se fragmentó en diminutos reinos y condados que parecían de antemano condenados a sucumbir. No obstante, consiguió mantenerse por espacio de ciento setenta y cinco años gracias a un precario equilibrio diplomático y militar. Por una parte les favoreció la crónica desunión y las rencillas internas de los musulmanes; por otra, nunca dejaron de contar con el apoyo militar europeo. Cuando la situación era apurada, los papas predicaban nuevas cruzadas y reforzaban los efectivos cristianos en Tierra Santa. Los historiadores reconocen hasta ocho cruzadas.

Quizá no sea demasiado descabellado establecer un cierto paralelismo entre la situación política que propició las cruzadas y la que ha favorecido la creación del Estado de Israel en nuestros días. En los dos casos era vital para Occidente el dominio de una región geoestratégica que resulta fundamental para sus intereses económicos. En la Edad Media estos intereses se cifraban, principalmente, en las rutas del comercio; hoy se trata de controlar el petróleo y sus dividendos que los países productores, todos ellos subdesarrollados, invierten en el mercado de armas de Occidente. Y en los dos casos, curiosamente, la solución ha consistido en implantar un país occidental (por su mentalidad, instituciones, costumbres y modo de vida) en el sensible flanco de un mundo musulmán potencialmente hostil a los intereses económicos o geoestratégicos de Occidente. Dicho sea haciendo salvedad de los derechos históricos que el pueblo judío indudablemente tiene sobre el territorio de Israel. Pero esta situación tampoco se daba por vez primera en tiempos de los cruzados, puesto que en aquella franja de tierra se han sucedido, desde el comienzo de la historia, por lo menos media docena de dominadores y cada uno de ellos se la ha arrebatado al precedente: judíos, romanos, bizantinos, árabes, turcos, cruzados y nuevamente turcos, hasta la conquista por los ingleses durante la primera guerra mundial. Aquel territorio jamás ha tenido entidad política propia, exceptuando los reinos y condados cristianos de las cruzadas y el primitivo estado de Israel.

LAS ÓRDENES MILITARES

Los cristianos se mantuvieron en Tierra Santa solamente gracias al esfuerzo de las órdenes monásticas creadas expresamente para combatir, principalmente los hospitalarios, los templarios y los teutónicos.

Después de la conquista de los Santos Lugares, los peregrinos podían pasar de Europa al Santo Sepulcro sin abandonar tierra cristiana, pero los azares de antaño persistían porque el último tramo del camino, entre Jerusalén y el puerto de Jaffa, atravesaba una tierra desolada y hostil, por parajes solitarios y pedregosos infestados de bandoleros. El rey de Jerusalén, acuciado por los mil problemas de su reino, no estaba en condiciones de afrontar las labores de policía que la situación reclamaba. Así estaban las cosas cuando, en 1115, un piadoso caballero francés llamado Hugo de Payens y su compañero Godofredo de Saint-Adhemar, flamenco, concibieron el proyecto de fundar una orden monástica consagrada a la custodia de los peregrinos y a la guarda de los inciertos caminos del reino, la orden de los pobres soldados de Cristo.

Los primeros efectivos de la orden fueron más bien modestos: tan sólo siete caballeros franceses. El grupo había jurado, ante el patriarca de Jerusalén, los votos monásticos de castidad, pobreza y obediencia, y el rey de Jerusalén, Balduino II, les había concedido cuarteles en las mezquitas de Koubet al-Sakhara y Koubet al-Aksa, situadas sobre el solar del antiguo Templo de Salomón. Por este motivo la orden se llamaría, con el tiempo, orden del Temple y sus miembros «templarios».

La otra gran orden de Tierra Santa, perpetua rival de la Templaria, fue la Hospitalaria. En algún momento, las dos órdenes fueron definidas como «dos gemelos que se degüellan en el seno de su madre». Esta rivalidad entorpecería algunas empresas militares en las que los cristianos hubieran necesitado el apoyo coordinado de sus fuerzas, pero también es cierto que en otras ocasiones colaboraron lealmente entre ellas. La primera misión de los hospitalarios consistió en cuidar de los peregrinos enfermos en el hospital amalfitano de Jerusalén. Fiel a sus comienzos, la orden se esforzó en mantener numerosos lazaretos y albergues, incluso en la época en que sus labores militares prevalecían sobre las asistenciales.

A los pocos años de la fundación de su orden, Hugo de Payens se planteó la necesidad de ampliarla y consolidarla otorgándole unos estatutos. En otoño de 1127 regresó a Europa con cartas de recomendación del rey Balduino II.

Sorprendentemente, la incipiente orden despertó el entusiasmo de uno de los eclesiásticos más prestigiosos de la Cristiandad, san Bernardo de Claraval, el reformador del Cister.

San Bernardo se había opuesto siempre a la institución caballeresca convencional, a la que apostrofaba de «gran error» y de «locura intolerable» de unos hombres que luchan «a costa de grandes gastos y trabajos sin otra recompensa que la muerte». Pero las órdenes militares ofrecían un medio de santificar la violencia del caballero, de ennoblecer al hombre entrenado solamente para la guerra. Podían convertir aquella escoria humana en instrumento de salvación si se conseguía persuadir a los interesados para que, apartándose de los estrechos y mezquinos propósitos egoístas de fama terrenal o ganancia material, pusieran su valor y su capacidad de sacrificio al servicio de la religión.

El abad de Claraval convocó una asamblea de teólogos en Troyes. La institución de una orden monástico-militar planteaba problemas de conciencia puesto que el derecho canónico prohibía a los clérigos verter sangre humana, aunque fuera la de los infieles. Pero san Bernardo, ducho en los entresijos de la teología, consiguió allanar estas dificultades. En su escrito *De Laudibus novae militiae*, la idea central es simple y fácil de entender: lo ideal sería no verter sangre de paganos si hubiese un medio de defenderse de ellos sin recurrir a la violencia, pero como desgraciadamente no existe tal medio, el caballero cristiano se ve impelido a empuñar la espada. Además, Tierra Santa es propiedad de Jesucristo; la Cristiandad no puede tolerar que vuelva a manos paganas. San Bernardo justifica la orden del Temple: «Ellos pueden librar los combates del Señor y pueden estar seguros de que son los soldados de Cristo... pues maten al enemigo o mueran, no tienen por qué sentir miedo. Aceptar la muerte por Cristo o dársela a sus enemigos no es sino gloria: no es delito. El soldado de Cristo tiene un motivo para ceñir la espada. La lleva para castigo de los malvados y para gloria de los justos. Si da muerte al malvado, el soldado no es homicida. Reconozcamos en él al vengador que está al servicio de Cristo y al liberador de los cristianos.»

La verdad es que, aunque tales justificaciones fueron universalmente aceptadas, siempre persistió una cierta ambigüedad en estas órdenes de monjes guerreros que, por su carácter religioso, estaban al margen de la sociedad laica pero, por otra parte, dada su finalidad militar, tampoco encajaban exactamente en la Iglesia.

La misión de Hugo de Payens en Occidente constituyó un éxito. Después de la calurosa aprobación de su orden en el concilio de Troyes había recorrido las tierras de Francia e Inglaterra entrevistándose con reyes y magnates y reclutando caballeros. Cuando regresó a Tierra Santa dejó atrás a dos de los suyos con la misión de organizar la infraestructura occidental del Temple: Payou de Montdidier lo haría en Francia y Hugo Rigaud en Aragón y Languedoc. Es posible que enviase a Castilla a algún otro.

La nueva orden monástico-militar concitó grandes simpatías entre los príncipes de la Cristiandad. Muy pronto menudearon los donativos y limosnas sobre los todavía escasos conventos regionales encargados del reclutamiento y de la colecta de fondos. Generosos mecenas rivalizaban por sufragar los gastos de la orden en Tierra Santa.

Los efectivos humanos del Temple crecieron paralelamente y fueron determinando una jerarquización de categorías y una especialización en los oficios. Los caballeros profesos constituían una minoría selecta. El resto de la orden estaba compuesto por capellanes, hermanos de oficio, sargentos de armas, artesanos, visitadores e incluso asociados temporales. A la cabeza de todos ellos estaba la autoridad superior del gran maestre, elegido por concilio general en la casa madre de Tierra Santa. Únicamente se sometía al papa. Era asistido por una cohorte de administradores, contables y secretarios. No olvidemos que se trataba de una organización multinacional extendida por Europa y Tierra Santa. La orden escapaba a las jurisdicciones civiles y eclesiásticas ordinarias. Acabó convirtiéndose, en cierto sentido, en un Estado dentro del Estado y una Iglesia dentro de la Iglesia.

Aparentemente, el Temple era en Oriente una organización guerrera y en Occidente una organización casi exclusivamente monacal (exceptuando la península Ibérica, donde también se combatía contra el islam).

La célula base de la organización templaria era la encomienda, posesión territorial de diversa índole: finca, castillo o villa, por lo general procedente de la donación de algún rico señor. Las encomiendas o prioratos se agrupaban en bailías, que a su vez se reunían en casas regionales y éstas en provincias.

Los territorios de las nueve provincias occidentales del Temple coincidían con divisiones geopolíticas importantes: Alemania, Hungría, Inglaterra, Irlanda, Francia, Auvernia, Italia, Portugal, Castilla, León, Aragón, Mallorca, Apulia y Sicilia. Al frente de cada provincia había un maestre sometido estatutariamente al maestre general, residente en Tierra Santa. En las bailías se reunían los capítulos regionales y se recibía a los nuevos hermanos. Teóricamente la red de encomiendas europeas no tenía otra función que acumular y comercializar los excedentes necesarios para sufragar los cuantiosos gastos de la orden en Tierra Santa: la construcción y mantenimiento de castillos, residencias y hospitales, y las soldadas de las tropas auxiliares, es decir, de los mercenarios. Porque la orden tuvo que suplir la crónica escasez de efectivos cristianos mediante el alistamiento de guerreros profesionales turcos.

Las riquezas del Temple

Una cuestión muy debatida, y que ha hecho correr mucha tinta, es la de las riquezas reales o imaginarias amasadas por los templarios, a las que, según muchas opiniones, debe atribuirse la caída y ruina de la orden.

Está fuera de duda que la orden del Temple se enriqueció rápidamente gracias a la protección que recibía de papas y reyes y a las cuantiosas donaciones con que la favorecieron tanto los poderosos como los humildes. Existía incluso el acto de donarse al Temple, similar al moderno *leasing* que practican ciertas entidades financieras. El donado disfrutaba en vida de una serie de beneficios fiscales y espirituales así como de la protección de la orden. A cambio, la orden heredaba sus propiedades cuando fallecía.

Buenos administradores, los templarios medraron con sabias actividades mercantiles. Cada encomienda constituía una unidad de gestión autosuficiente y generadora de excedentes. Estos excedentes iban a parar a la casa provincial, que a su vez los reexpedía a la central para el sostenimiento de tropas y castillos en Tierra Santa.

Sobre la base de estas actividades económicas, los freires emprendieron además remuneradoras actividades bancarias. Su riqueza material constituía una garantía de formalidad y solvencia. Muchos particulares les confiaron la custodia de grandes sumas de dinero. Además, consiguieron que el papa les encargara las colectas de la cruzada. En una época en que la moneda acuñada escaseaba y estaba sujeta a frecuentes oscilaciones y mermas, la orden estaba en condiciones de prestar dinero a reyes o señores en apuros a cuenta de la cobranza de impuestos. Hay que tener en cuenta que los monarcas y magnates europeos solían atravesar graves dificultades financieras.

El tesorero del Temple se convirtió en consejero financiero del rey de Francia y miembro de la comisión de cuentas que controlaba la hacienda real. La casa del Temple en París, convertida en casa madre tras la caída de Tierra Santa, fiscalizaba las operaciones de la orden en Francia y mantenía estrechas relaciones con las otras provincias europeas. Su imponente aspecto exterior le confería sin duda esa sensación de solidez y seguridad que procuran imprimir hoy los bancos al diseño de sus edificios. Estaba enclavada en el centro de una verdadera ciudad templaria, el llamado «recinto del Temple», un barrio amurallado en el corazón de París en cuyo castillo radicaba el banco de reserva de la orden. En esta casa estaban depositados no sólo el tesoro real de Francia, sino las piezas de oro y plata de los grandes magnates. Como vemos, las cajas de seguridad de los bancos actuales no son invento reciente. Naturalmente sus administradores no se limitaron a atesorar el dinero en cofres sino que lo hicieron circular para que produjera beneficios. No obstante, a diferencia de la banca moderna, prestaban al rey sin interés ni recargo alguno. Seguramente el monarca los compensaba por otras vías. En cualquier caso, los financieros templarios acrecentaron la riqueza de la orden.

La prosperidad del Temple no se debió solamente a sus actividades bancarias. Los frailes eran excelentes administradores de sus encomiendas y competentes agricultores y ganaderos que mejoraban sus explotaciones recurriendo a técnicas modernas. Cuando era necesario drenaban el terreno o construían pantanos. Finalmente, supieron aprovechar su privilegiada situación en Tierra Santa para comerciar con los productos de Oriente. Actuando con el criterio de una multinacional, crearon industrias y servicios para diversificar sus actividades y evitar ajenas dependencias. Por ejemplo, no vacilaron en construir y armar su propia flota ya que los barcos les eran imprescindibles para sostener su activo comercio con Tierra Santa y servían también ocasionalmente para el transporte de tropas y pasajeros. Puertos templarios muy activos fueron La Rochelle, en el Atlántico, y Colliure y Marsella, en el Mediterráneo.

Se especula mucho con el fabuloso tesoro que los templarios debieron amasar a lo largo de dos siglos de prósperas actividades financieras pues, por otra parte, a pesar de su holgada posición económica, los templarios nunca se apartaron del voto de pobreza que les imponía la regla. Del examen de los detallados inventarios redactados por los agentes reales que los arrestaron, se deduce que vivían austeramente. No existía entre ellos más lujo que el de algunos objetos sagrados en sus capillas, dedicados al culto. No se encontraron depósitos de oro amonedado ni objetos de gran valor. ¿Dónde estaba, pues, el tesoro de los templarios? La explicación es relativamente simple: destinaban el excedente producido por las actividades económicas al sufragio de sus operaciones militares en Tierra Santa. Éstas le fueron resultando cada vez más gravosas a medida que el reino de Jerusalén se debilitaba y la amenaza islámica crecía. También invertían una parte sustanciosa en limosnas y ayudas sociales.

De las cuentas de las encomiendas templarias se deduce que los freires fueron excelentes gestores. Cuando les era posible explotaban directamente sus recursos, pero no vacilaban en arrendarlos si les resultaba más ventajoso. Consiguieron dominar los secretos de la banca tan profesionalmente como los banqueros genoveses, pisanos y lombardos; con la diferencia de que su red de establecimientos, donde una letra de cambio podía canjearse por su valor en cualquier moneda europea, era mucho más extensa y fiable que la de aquéllos. Además, debido a su condición de religiosos, inspiraban más confianza que los banqueros seglares. Ya hemos visto que en sus operaciones bancarias empleaban las letras de cambio, un procedimiento bancario normalizado por las repúblicas italianas. Sobre estas sólidas bases los templarios amasaron un poder económico que muchos creían sin parangón en toda la Cristiandad. Éste fue el origen de una red de encomiendas o conventos que abarcaba toda Europa. En su momento más próspero, llegaron a poseer hasta nueve mil fincas agrupadas en sus numerosas encomiendas europeas.

La encomienda solía constar de capilla, sala capitular, alojamiento o cuartel, sótanos, bodegas, caballerizas, almacenes y otras instalaciones, dependiendo del carácter de la explotación. Los hermanos estaban dirigidos por un comendador, que asignaba cargos y oficios.

Reglas y costumbres

La primera regla de la orden, inspirada en la cisterciense, solamente constaba de sesenta y ocho artículos. Todavía los templarios quedaban sometidos a la autoridad del patriarca de Jerusalén.

Sin embargo, unos años después, bajo el maestrazgo de Roberto de Craon, un excelente diplomático y administrador que sucedió a Payens, la orden consiguió del papa una autonomía casi completa (en virtud de la Bula *Omne datum optimum*, 1139). En adelante, el Temple contaría con sus propios capellanes para el servicio religioso de las encomiendas y se independizaría de las jurisdicciones episcopales. Ello implicaba sustanciosas ventajas económicas: no sólo quedaban eximidos de pagar diezmos a los obispos, sino que, además, podrían percibirlos de la población asentada en sus territorios. Por otra parte, quedaban facultados para construir sus propias capillas y cementerios. En muchos casos tal medida suponía la virtual desaparición del antiguo monopolio episcopal que regulaba las vidas de la población. Ahora los vecinos podrían recurrir a las capillas templarias para recibir los auxilios espirituales e incluso la necesaria sepultura cristiana que asegura la salvación del alma del difunto. De nada sirvió que los obispos protestaran airadamente contra este recorte de su autoridad y privilegios. La orden escapaba tanto a las jurisdicciones civiles como a las eclesiásticas.

La imagen del templario se hizo muy popular y querida en toda la Cristiandad. Ello se debió no sólo a su vida ejemplar, a sus buenas obras y a su carácter austero y laborioso, sino también, presumiblemente, al bizarro aspecto que le prestaba su uniforme: capa blanca, indicadora de reconciliación con Dios, los cabellos rapados al cero, la barba poblada. La cruz bermeja sobre el hombro derecho fue una concesión del papa Eugenio III, en 1147, para que «este signo triunfante les sirva de broquel y haga que jamás vuelvan la espalda a ningún infiel». Como insignia de la orden y portador de la cruz, el manto templario era reverenciado hasta el punto de que se despojaban de él cuando tenían que cumplir una necesidad fisiológica. Esta cruz se marcaba también sobre el ganado, los carros y las otras posesiones de la orden.

La jerarquía templaria era marcadamente militar. A la cabeza estaba el gran maestre, teóricamente dotado de poder absoluto, aunque debía consultar al capítulo correspondiente antes de adoptar las decisiones más importantes. Asistía al maestre un estado mayor compuesto por un senescal o lugarteniente; un mariscal, o jefe militar, y varios comendadores nominalmente adscritos a Jerusalén, Trípoli y Antioquía. El de Jerusalén venía a ser ministro de finanzas y tesorero; había también un pañero, o jefe de intendencia; un turcoplier, o jefe militar de las tropas auxiliares, generalmente mercenarios turcos; un submariscal responsable de los artesanos y un alférez con mando sobre las tropas auxiliares voluntarias. Dependiendo de las respectivas categorías y puesto en el escalafón, todos ellos tenían derecho a un número variable de caballos y un séquito de escuderos o criados. Dado el carácter austero de la orden, no existía mucha diferencia entre las altas jerarquías y el simple caballero. El gran maestre disponía de cuatro caballos y un séquito compuesto por dos consejeros, un capellán, un clérigo, un sargento o escolta, un escudero o paje y un escriba sarraceno que hacía de intérprete y secretario de cartas. Pero cuando entraba en batalla era protegido por diez combatientes de élite (a pesar de lo cual muchos maestres murieron en combate).

Dentro de lo que podríamos denominar clase de tropa también existían jerarquías y grados. El más alto correspondía al caballero, después estaban los sargentos y escuderos, equiparables a los suboficiales en el ejército moderno. Éstos vestían distinto uniforme: túnica o manto pardo o negro, corto, con la cruz roja en el hombro izquierdo. Los sacerdotes no constituían grupo aparte. Aunque vestían de negro, los capellanes templarios hacían la misma vida de los caballeros. Ni siquiera se sustraían a la obligación de confesar sus faltas ante el capítulo descubriéndose y arrodillándose ante los demás hermanos. Finalmente estaban los hermanos de oficios y artesanos y criados contratados libremente para el servicio de las encomiendas: enfermero-boticario, bodeguero, panadero, hortelano, etc.

Los caballeros y sargentos eran en su mayoría analfabetos, como solía serlo gran parte de la población, incluida la clase noble. Aquellos que sabían contar solían ascender a cargos de responsabilidad, particularmente cuando la burocracia de la orden fue requiriendo un número creciente de personas capacitadas.

La regla de los caballeros templarios era un código de derecho muy detallado y estricto que había de ser aplicado severamente por el responsable de cada encomienda o convento. Esta regla era secreta, como suelen serlo las de las órdenes religiosas, pero nos ha llegado suficiente documentación como para reconstruirla fielmente e incluso seguir su evolución desde su versión más primitiva, dictada por el concilio de Troyes (1128), hasta la más evolucionada que incluye consideraciones sobre disciplina y faltas, hacia 1257. En los estatutos jerárquicos (fechados en 1230) se contiene lo referente a ceremonias. Sus artículos contemplaban tanto el aspecto religioso de la orden como el militar. Se trataba de reprimir la indisciplina y vanagloria del aspirante y de canalizar su espíritu combativo de manera que sirviera solamente a los intereses de la Iglesia. Cualquier hombre libre podía aspirar al hábito templario si estaba limpio de lepra, epilepsia o enfermedad contagiosa y no había sido expulsado de otra orden monástica. Los candidatos renunciaban a su nombre familiar (aunque los altos dignatarios y maestres fueron conocidos a veces por sus apellidos seculares) y juraban los votos monásticos (pobreza, castidad y obediencia) después de someterse a un periodo de prueba. En la ceremonia de admisión, el caballero que recibía el hábito era advertido sobre la dureza e incomodidad de aquella nueva vida que libremente aceptaba con palabras parecidas a éstas que literalmente tomamos de un documento de la época:

Raramente haréis lo que deseéis: si queréis estar en la tierra de allende los mares se os enviará a la de aquende; o, si queréis estar en Acre se os mandará a la tierra de Trípoli o de Antioquía o de Armenia, o se os enviará a Pouille o a Sicilia, o a Lombardía o a Francia o Borgoña o a Inglaterra o a muchas otras tierras donde tenemos casas o posesiones. Y si queréis dormir se os hará velar y si alguna vez deseáis velar, se os mandará a reposar a vuestro lecho. Cuando estéis sentado a la mesa y deseéis comer, se os mandará ir donde se tenga a bien, y jamás sabréis adónde. Tendréis que soportar a menudo palabras malsonantes. Considerad, gentil y dulce hermano, si estáis dispuesto a sufrir de buen grado tales rigores.

El templario no podía abandonar la encomienda sin permiso de su superior. No poseía nada. Le estaba prohibido hacer regalos o aceptarlos. La orden le suministraba un ajuar completo que debería cuidar esmeradamente. El lote incluía dos camisas, dos pares de calzas, dos calzones, un sayón, una pelliza (que solamente podía estar forrada de cordero o de oveja y en ningún caso de otra piel más lujosa), una capa, un manto de invierno y otro de verano, una túnica, un cinturón, un bonete de algodón y otro de fieltro, una servilleta para la mesa, dos copas, una cuchara, un cuchillo de mesa, una navaja, un caldero, un cuenco para cebada, tres pares de alforjas, una toalla, un jergón, una manta ligera y otra gruesa. Estas mantas solían ser rayadas, en blanco y negro, como la bandera de la orden.

El equipo militar no era menos completo: loriga, calzas de hierro, casco con protección nasal, yelmo, espada, puñal, lanza adornada de gallardete blanco, escudo largo y triangular, cota de armas blanca y gualdrapa para el caballo. La cruz paté de la orden figuraba en el gallardete de la lanza, en el extremo superior izquierdo del escudo y en la cota. En campaña eran también reglamentarios un caldero, un hacha para cortar leña, un rallador y un juego de escudillas y frascos. Fiel al espíritu cisterciense de su fundador, la orden rechazaba lo superfluo. Por lo tanto estaba prohibido todo adorno innecesario así como cualquier frivolidad en el diseño de las prendas mencionadas, puesto que, según establece la regla, «cada cual debe vestirse y desvestirse, calzarse y descalzarse rápidamente». El templario no podía comer o beber fuera del refectorio comunal. Debía en todo momento conducirse con humildad y cortesía, hablando dulcemente a sus hermanos, sin incurrir jamás en grosería o envanecimiento.

Una descripción coetánea de la vida de los freires sugiere cierta rudeza monacal: «Llevan los hábitos que sus superiores les han dado y no ambicionan otros vestidos ni mejor alimento; viven juntos sin mujeres ni hijos, bajo el mismo techo y sin nada que les sea propio, ni siquiera la voluntad. Ninguno es inferior entre ellos. Honran al mejor, no al más noble. Cortan sus cabellos, no se les ve nunca peinados; apenas se lavan, llevan la barba hirsuta, apestando a polvo, sudados y manchados por el orín de sus armas.» Esta última apreciación parece exagerada puesto que la regla insiste en que el caballero debe extremar su higiene y cuidados corporales.
  La rutina diaria de un templario en un castillo de Tierra Santa o en su encomienda de Europa se ceñía a las severas costumbres monásticas del Cister. Estaban prohibidas las conversaciones fútiles y las risas. Se dormía tres o cuatro horas, sin despojarse de la camisa, calzones, calzas y cinturón. A la hora de maitines, sobre las cuatro de la madrugada en invierno, dos horas antes en verano, una campana los despertaba. Saltaban del lecho, se calzaban, se echaban el manto sobre los hombros y se dirigían en silencio a la capilla para rezar trece padrenuestros. Luego bajaban a las cuadras para inspeccionar los caballos y echarles un pienso. Cumplida esta tarea, regresaban al dormitorio y antes de acostarse rezaban un padrenuestro. La campana de prima los levantaba nuevamente. Se vestían y regresaban a la capilla para oír misa. Después recitaban treinta padrenuestros por los vivos y otros treinta por los muertos. Cumplida esta devoción, cada cual comenzaba su jornada de trabajo, consistente, según su situación o empleo, en tareas administrativas o entrenamiento militar. Cada hora se hacía un alto para rezar otra tanda de padrenuestros.
  Los hermanos consumían carne tres veces por semana (los enfermos diariamente, exceptuando los viernes): una dieta simple pero sustanciosa que los mantenía robustos para el servicio de las armas. Cuando la campana llamaba a comer, abandonaban sus actividades y se dirigían al refectorio. El capellán bendecía la

mesa y dirigía el rezo. Luego tomaban asiento y comían en silencio, si bien se toleraba que se comunicaran por signos. En algunas ocasiones se usó una escudilla para cada dos hermanos como signo de humildad (o con otro significado más profundo y oculto). Nadie podía abandonar la mesa sin permiso expreso del comendador, salvo en caso de hemorragia nasal. Terminada la comida se dirigían a la capilla por parejas para dar gracias a Dios.

Los templarios observaban tres cuaresmas, comulgaban y daban limosna tres veces por semana. En todo momento debían hacer honor a la divisa de la orden: *Non nobis, Domine, non nobis sed Nomini tuo da gloriam* (Nada para nosotros, Señor, sino para dar gloria a tu nombre). Se les diseñó un hábito que no entorpeciera sus deberes militares. En combate, debajo del manto blanco, llevaban la cota de malla. No podían rehusar el combate aunque el enemigo fuese tres veces más numeroso. Si caían prisioneros no podían ser rescatados, lo que motivó que normalmente fuesen ejecutados. Cuando morían se les sepultaba boca abajo, sin ataúd, en una fosa anónima.

Es presumible que unos hombres que llevaban vida tan ascética no dejaran de ser influidos por los sufíes o místicos musulmanes con los que entraron en contacto en Tierra Santa. Quizá no sea aventurado pensar que la adopción del manto blanco como emblema de la orden estuviese más o menos conscientemente inspirada por ese mismo manto blanco, de lana, que en Jerusalén constituía el hábito distintivo de los respetados sufíes.

En las encomiendas y castillos de la orden estaban prohibidos el ocio y las distracciones, así como las apuestas y los juegos de ajedrez o dados, a los que tan aficionados eran los caballeros de aquel tiempo. No obstante, se toleraban la rayuela y las tabas, considerados juegos inocentes. También estaba prohibido mirar de frente a una mujer, aunque se la reverenciaba por influencia de la moda caballeresca del tiempo.

Los integrantes de una encomienda o convento se reunían en capítulo periódicamente. Estas sesiones eran secretas. Los hermanos penetraban en la sala capitular en-silencio. Era preceptivo llevar la cabeza descubierta, aunque en lo crudo del invierno se hacía una excepción con los calvos. Después de rezar un padrenuestro, el presidente del capítulo pronunciaba un sermón exhortando a la asamblea a perseverar en el camino de la virtud. A continuación los hermanos se iban alzando por orden de antigüedad y cada uno hacía una relación pormenorizada de las faltas que había cometido desde la última reunión. Cuando un hermano observaba que otro incurría en alguna falta, era su obligación amonestarlo «con severidad no exenta de dulzura», pero si el amonestado persistía en su error tenía que denunciarlo al capítulo. Este tipo de delación no se consideraba reprobable puesto que su fin último era la salvación del alma del pecador.

La disciplina era rigurosa. Se consideraban faltas graves la simonía, la violación del secreto, la muerte de un cristiano, la sodomía (considerada *pecado hediondo y brutal*), el motín, la cobardía, la herejía, la traición y el hurto. Por hurto hemos de entender cualquier imprudencia o temeridad. Si las faltas confesadas requerían deliberación de la asamblea, el inculpado abandonaba la sala mientras sus hermanos discutían sobre el castigo que merecía y votaban democráticamente. Todas las penas eran ejecutorias y sin apelación. Podían entrañar expulsión de la orden, pérdida temporal o definitiva del hábito y penitencia o castigo corporal público. En este caso, el culpable comparecía ante la asamblea con el torso desnudo y llevando en torno al cuello una correa con la que otro hermano le propinaba la tanda de azotes convenida. Si el castigo implicaba una penitencia especial, durante ese periodo el hermano trabajaba como mozo de cuerda, pinche, barrendero, arriero o cualquier otro menester considerado vil. Si la falta entrañaba pérdida temporal de hábito, el hermano quedaba excluido de los actos comunitarios. Cuando le era devuelto el hábito, ya cumplida la penitencia, en su primera comida en el refectorio consumía sus alimentos en el suelo, sobre un pliegue del manto.

El capítulo terminaba con una absolución dada por el capellán de la encomienda. En Jueves Santo, el limosnero de la encomienda escogía a trece pobres para que los hermanos les lavaran los pies. Después de la ceremonia, el comendador entregaba a cada pobre dos panes, dos monedas y un par de zapatos. El Viernes Santo se consagraba a la adoración de la cruz y los hermanos que no estuvieran enfermos andaban descalzos y ayunaban a pan y agua. También eran de ayuno obligatorio todos los viernes desde la fiesta de Todos los Santos hasta Pascua, con la sola excepción del día de Navidad. La orden profesó especial devoción a la Virgen María, a san Jorge y a san Juan. Su reliquia más preciada fue una Santa Espina que cada Viernes Santo florecía al ser elevada por el capellán.

Cruzada en Oriente

Defender el reino de Jerusalén, un estrecho corredor paralelo a las costas del Líbano e Israel, no iba a resultar fácil. Los musulmanes se encontraban en su propia tierra y contaban con recursos humanos aparentemente inagotables. Por el contrario, los cristianos se habían desmembrado en un inestable conglomerado de Estados feudales, unidos tan sólo por tenues relaciones de vasallaje y separados por ambiciones personales, rencillas étnicas y contrapuestos intereses de grupo. Nunca dejaron de ser fuerzas expedicionarias ocupantes de territorio hostil. Desde el primer momento se reveló que la capacidad militar del rey de Jerusalén y sus barones resultaba insuficiente para la defensa de los Santos Lugares. Por otra parte, los pulanos, o cristianos nacidos en Tierra Santa, lejos de mantener el ímpetu combativo de sus antepasados europeos prefirieron acomodarse a las relajadas costumbres de Oriente. En estas circunstancias, las órdenes militares (hospitalarios y templarios), se hicieron imprescindibles para el mantenimiento de la supremacía latina en Tierra Santa.

El componente guerrero de las órdenes se profesionalizó y pasó a primer plano en detrimento del religioso. En estas circunstancias, el rey, atribulado por su crónica escasez de tropas, hubo de delegar en las órdenes militares la defensa de sus inseguras fronteras. A lo largo de todo el siglo XII los hospitalarios y los templarios acrecentaron sin cesar sus fuerzas y se involucraron progresivamente en la defensa del reino latino. Las dos órdenes llegaron a constituir pequeños ejércitos de élite. El Temple mantenía unos seiscientos caballeros y doble número de sargentos. Además existían cruzados forzados, muchos de ellos condenados a muerte, que expiaban su pena guerreando contra los sarracenos. A éstos habría que sumar algunos miles de mercenarios turcos, distribuidos en unidades de infantería y de caballería ligera. Pero todo este esfuerzo era insuficiente para contener la presión constante de los ejércitos musulmanes. Hubo que recurrir a la guerra defensiva, ya ensayada por los bizantinos con algún éxito, es decir, a la construcción de fortalezas que aseguraran la defensa del territorio con el menor esfuerzo humano posible. A poco las regiones fronterizas, pespunteadas por plazas fuertes y castillos, fueron íntegramente dominadas por las órdenes. Los templarios poseían dieciocho plazas fuertes, cada una de ellas rodeada y protegida por sus correspondientes castillos. El mantenimiento de esta línea comportaba un considerable esfuerzo económico y humano.

LA PESADILLA DE LOS ARQUEROS TURCOS

La disciplina del ejército templario en Tierra Santa se refleja minuciosamente en su regla. Los cruzados tuvieron que modificar profundamente las tácticas de combate al uso en Europa para adaptarlas al modo de combatir de sus enemigos. Los arqueros musulmanes, provistos de un arco potente y de rapidísimo ritmo de tiro, podían desencadenar, literalmente, una lluvia de flechas sobre los cristianos. Además, eran capaces de disparar desde el caballo a galope. Su terrible eficacia era el resultado de la combinación de armamento ligero y movilidad. Desprovistos de cota de mallas y montados en caballos veloces, podían hurtarse fácilmente de las temibles cargas de la pesada caballería cristiana. La capacidad de maniobra que implicaban sus tácticas les permitía también hostigar eficazmente al enemigo en marcha. Por otra parte, la suma de estas cualidades permitía presentar batalla lejos del campo elegido por los cristianos, sobre terreno quebrado y desigual, a fin de atomizar la lucha en un número de enfrentamientos desconcertados que restaban eficacia a la línea cristiana y la hacían vulnerable a las masas de peones y arqueros musulmanes.

Estas tácticas exasperaban a los caballeros cristianos, acostumbrados al enfrentamiento expeditivo y directo, y minaban su moral. No obstante, después de las primeras derrotas, los cristianos replantearon sus tácticas y adoptaron las contramedidas oportunas. El ejército debía contar con una protección natural que cubriese su retaguardia y sus flancos, preferentemente vías de agua o montañas. Además, lo más selecto de la tropa se destacaba como cuerpo de reserva destinado a estorbar las maniobras envolventes del enemigo. En cada línea de la caballería cristiana se formaban los escuadrones en perfecto orden, como de costumbre, pero contando con la protección de infantería y arqueros capaces de devolver el fuego a las tropas ligeras enemigas evitando que éstas hostigasen directamente a la caballería pesada. Éste era el principal cometido de los mercenarios turcópolos contratados masivamente por los templarios.

Mantener la formación compacta y la disciplina de un ejército feudal, compuesto por decenas de combatientes deseosos de destacar individualmente, era una empresa realmente difícil. Pero cuando estos mismos caballeros eran hermanos de las órdenes militares el conjunto funcionaba con precisión asombrosa. En el campo de batalla los templarios se agrupaban por escuadrones al mando de sus respectivos comendadores, detrás del *beauseant* (Beau Seant), la bandera blanca y negra de la orden que señalaría el punto de concentración del combate a lo largo de la batalla. El *beauseant* era un objeto santo, depositario del honor de la orden, y por lo tanto especialmente protegido en la pelea por una élite de expertos caballeros. Si a pesar de ello caía en manos del enemigo, el alférez llevaba enrollado en una lanza un gonfalón de repuesto. Los escuadrones seguían ciegamente al estandarte, se desplazaban con él, se detenían cuando se detenía y avanzaban si avanzaba. En medio de la espesa polvareda de las cargas y del griterío y el estruendo de la batalla, el estandarte actuaba como un poderoso imán capaz de mantener el empuje de las filas templarias. Mientras el *beauseant* flameara, el combate no debía detenerse; si desaparecía, el templario debía obedecer a la bandera de los hospitalarios, sus colegas y rivales, y en caso de que también ésta sucumbiera, a la de cualquier otro príncipe cristiano. En cualquier caso, el templario no podía rendirse ni dar cuartel al enemigo. Como teóricamente no podía caer prisionero, tampoco debía esperar ser rescatado por la orden. Los sarracenos solían decapitar a los prisioneros templarios, a menudo después de torturarlos.

En la historia de la orden en Tierra Santa se dan algunos casos de cobardías y traiciones individuales; también de errores tan mayúsculos como la elección del maestre Gerardo de Ridfort, un intrigante aventurero escasamente capacitado para el mando. Este siniestro personaje logró ascender valiéndose de muñidores sin escrúpulos. Durante su mandato ocurrió el desastre de los Cuernos de Hattin (1187), donde doscientos treinta templarios fueron decapitados por Saladino. Pero, exceptuando estas sombras, la ejecutoria de la orden fue limpia y honorable y sus episodios heroicos aventajan con gran diferencia a los deshonrosos. Por ejemplo, cuando los musulmanes conquistaron Safeto, los ochenta templarios capturados rechazaron unánimemente la libertad que se les ofrecía si apostataban y prefirieron morir.

Cuando los escuadrones templarios se movían en campo abierto, sus avanzadillas reconocían el terreno para evitar las celadas de los árabes. Las tropas en marcha se ordenaban de manera que, en caso de peligro, pudieran adoptar rápidamente la formación de combate. Cuidaban hasta el más mínimo detalle. Por ejemplo, cuando un emisario volvía en sentido inverso al de la marcha, para transmitir un aviso a los de la zaga, era preceptivo que cabalgara a sotavento para que la polvareda levantada por su caballo no cayera sobre la columna.

Al declinar el sol, el aposentador buscaba un lugar fortificado o fácilmente defendible para pernoctar. Allí se levantaban las tiendas en su orden preciso, la del vocero, o pregonero, junto a la del alférez. Antes de anochecer se pregonaban las entregas de víveres y los caballeros concurrían al reparto. El comendador de la carne distribuía los víveres equitativamente, según las minuciosas ordenanzas, cuidando de que «no caigan dos jamones o dos paletillas juntos». Después del reparto, cada cual regresaba a su tienda y los escuderos se afanaban con trébedes y espetones preparando la comida.

La forma artera y cobarde de combatir de los árabes queda también reflejada en las ordenanzas templarias, lo que nos indica la previsión del legislador y su conocimiento de las argucias del enemigo. Cuando la tropa se encontraba acampada, ningún templario podía alejarse más allá del alcance de una voz. En las plazas fuertes el límite se ampliaba en una legua a la redonda.

Los templarios estuvieron activamente presentes en todas las empresas militares importantes del siglo. En 1147, durante la segunda cruzada, se distinguieron en la expedición de Luis VII por Asia Menor. En esta ocasión, la autoridad del maestre del Temple se igualó a la del propio rey. Bien puede decirse que la afortunada intervención de los templarios salvó del desastre a todo el ejército cristiano en la jornada llamada de «la Montaña Execrable». Seis años más tarde, los freires volvían a llevar la iniciativa en el asedio de Ascalón.

Fue por entonces cuando en el campo musulmán apareció un prestigioso caudillo que iba a demostrar la precariedad de las conquistas cristianas. Saladino, proclamado sultán en 1171, era un joven ambicioso y tenaz, un excelente soldado y un inteligente estadista.

Habiéndose percatado de que la supervivencia del enclave cristiano en Tierra Santa dependía solamente del esfuerzo de templarios y hospitalarios, hizo todo lo posible por combatirlos. Se dice que sus primeras palabras al tomar el mando fueron: «Purificaré la tierra de esas órdenes inmundas.» Pero los templarios demostraron ser un cumplido enemigo para Saladino. En 1177 ayudaron decisivamente a Balduino IV a derrotarlo en Monte Gisard.

Aunque las órdenes alcanzaron merecida fama como estrategas, hay que consignar, también, algunos sonados fracasos de sus generales. Al deficiente planeamiento de los maestres del Temple se achacaron las derrotas cristianas de Marj Ayyun (1179) y Ain Gozeh (1187). Pero esta inculpación viene a probar la importancia que los estrategas templarios habían adquirido después de la acrisolada experiencia de todo un siglo de milicia.

Saladino aplastó a las fuerzas cristianas de Oriente en Hattin. A continuación, el 2 de octubre de 1187, ocupó Jerusalén. Dos años más tarde casi todo el reino latino estaba en su poder.

La caída de Jerusalén conmocionó a la Cristiandad. Inmediatamente se predicó una nueva cruzada, la tercera, para reconquistar la Ciudad Santa. Esta expedición falló en su principal objetivo pero logró otros secundarios como la conquista de Chipre, que fue cedida a Guido de Lusignan para compensarlo por la pérdida de su reino. Chipre, réplica del malogrado reino de Jerusalén, sería el único territorio que se mantendría en manos de los cruzados en 1291, cuando la pérdida de San Juan de Acre liquidase las últimas posesiones cristianas en Tierra Santa.

Mal terminaba el siglo XII, pero el siglo XIII fue una sucesión casi ininterrumpida de desastres. La nueva centuria marcaría también el declive de las órdenes militares que se vieron obligadas a contribuir con aproximadamente la mitad de los combatientes al esfuerzo cristiano en Tierra Santa. De los desvelos del Temple por contener lo incontenible hablan elocuentemente sus bajas. Trece de los veintitrés maestres de la orden perecieron en combate. Los templarios tan sólo se mantuvieron al margen de la cuarta cruzada, predicada por el papa Inocencio III y dirigida contra Egipto. La mayor parte de la fuerza era francesa pero los comerciantes venecianos condicionaron la cesión de sus barcos de transporte al compromiso, por parte de los cruzados, de entregar Constantinopla a Venecia. La antigua capital bizantina fue saqueada despiadadamente y sobre ella se fundó el imperio latino.

En 1212, el mismo año en que una cruzada casi exclusivamente española derrotó a los almohades en la batalla de las Navas de Tolosa (Jaén), la llamada «cruzada de los niños» partió de Francia. Un grupo de desaprensivos armadores embaucaron y embarcaron a miles de adolescentes de uno y otro sexo con la promesa de llevarlos a Tierra Santa. Pero, una vez en alta mar, los barcos pusieron rumbo a Alejandría donde los muchachos fueron subastados en los mercados de esclavos.

La reconquista de Jerusalén fue obra de la quinta cruzada (1228-1229), capitaneada por el emperador Federico II. Pero ya la suerte de los reinos cristianos en Oriente estaba echada. La Ciudad Santa volvería a manos musulmanas quince años más tarde. A partir de entonces, la historia de los cristianos en Tierra Santa es una sucesión casi ininterrumpida de desastres. A principios de 1265, la presión islámica provocó la caída de Cesarea y Arsuf; al año siguiente, la de Safeto (donde toda la guarnición templaria fue decapitada), y poco después la de Jaffa, Beaufort, Bangas y Antioquía, junto con otras fortalezas templarias menores. Por cierto, este Beaufort de tan evocador nombre volvió a vivir un episodio bélico en nuestros días. Debido a su situación, en una estratégica región del sur del Líbano, había sido fortificado por los palestinos pero fue conquistado por comandos israelíes en junio de 1982.

El Temple en España

En Occidente, los templarios continuaron reclutando fuerzas para Tierra Santa y organizando la colecta de limosnas para el sostenimiento de la guerra. Pero la orden recibía cada vez menos donaciones, a pesar de que sus gastos en Tierra Santa no cesaban de aumentar.

Aragón fue, junto con Portugal, el primer reino peninsular en el que hay constancia del establecimiento de los templarios. Debió de ocurrir hacia 1130. En este año, Raimundo Rogelio, de Barcelona, donó a la orden del Temple la plaza de Granera. Dos años más tarde, el conde de Urgel les cedió el castillo de Barberá «porque han venido y se han mantenido con la fuerza de las armas en Grayana, para la defensa de los cristianos». Los templarios llegaron a poseer en el reino de Aragón hasta treinta y seis castillos.

En 1134, Alfonso el Batallador, rey que, haciendo honor a su título, murió combatiendo al moro, dispuso en su testamento que las órdenes de Tierra Santa heredaran sus reinos de Aragón y Navarra. Lógicamente esta disparatada voluntad real no se cumplió, probablemente porque ni siquiera a sus sorprendidos herederos les interesaba hacerse cargo de estos reinos. No obstante, los templarios negociaron sus derechos con el nuevo rey, Ramón Berenguer IV, y obtuvieron de él, como compensación, un conjunto de villas y castillos: Monzón, Mongay, Chalamera, Barberá, Belchite, Remolins y Corbins.

A partir de entonces, la actividad militar de la orden comienza a crecer. Durante el reinado de Alfonso II el Casto los templarios participaron activamente en la expedición contra Mertín, Alhambra y Caspe. En recompensa por estos servicios obtuvieron la tercera parte de Tortosa, la quinta de Lérida y algunas villas menores. Paralelamente a estas actividades guerreras, la orden desarrolló otras de signo comercial. En Aragón llegó a monopolizar el importante comercio de la sal. Su prestigio aumentaba. En 1198 fue designada mediadora en el pleito entre Pedro II y su madre doña Sancha por la posesión de Ariza. Doce años más tarde, los templarios apoyaron a Pedro II contra los musulmanes de Valencia en la toma de los castillos de Adamuz, Castelfabib y Sertella. Guillén de Monredón, maestre de los templarios de la provincia de Aragón, custodió al rey Jaime I durante su minoría. El rey sería luego asistido por la orden en la conquista de Valencia y Mallorca.

El Temple de Castilla y León se interesó al principio por el establecimiento de encomiendas al norte del Tajo, donde había grandes posibilidades mercantiles, principalmente en Montalbán. Estos lugares estaban lejos de la frontera musulmana. Es posible que la orden, escasa de efectivos humanos, no estuviera en condiciones de emprender acciones bélicas.

La orden de Calatrava

Alfonso VII había concedido a los templarios Calatrava, una fortaleza avanzada en el camino de Andalucía, pero en 1158 los freires la abandonaron declarándose incapaces de defenderla de los almohades. Entonces un grupo de monjes cistercienses se comprometió a mantener el castillo. Éste fue el origen de la orden militar de Calatrava, en 1164.

A pesar de este contratiempo, los templarios mantuvieron su prestigio en Castilla como muestra el hecho de que a imitación suya se instituyera la orden de Santiago.

En 1176 colaboraron con Alfonso VII en la toma de Cuenca, y en 1212 tuvieron una destacada actuación en la batalla de las Navas de Tolosa, donde pereció el maestre provincial, Gómez Ramírez, probable inspirador de la estrategia castellana en aquella jornada.

Por este tiempo las propiedades del Temple en Castilla-León eran ya importantes e incluían los lugares de Coria, Benavente, Limia y Ponferrada, las salinas de Lampreana y la villa de Alcañices, estratégica posición en el camino de Braganza a Zamora.

A partir de 1216, la orden intensificó sus acciones guerreras en el Sur apoyando a las huestes leonesas. El maestre Pedro Alviti contrajo por este motivo deudas de las que sería defendido, alegando parejas ganancias militares, por el papa Honorio III cuando el gran maestre le pidió cuentas por ello.

Seguramente circulaban ya rumores sobre las riquezas que desmedidamente acumulaban los templarios. Honorio III pidió a los prelados que no prestasen oído a tales calumnias y justificó las riquezas de la orden por los cuantiosos gastos que le causaba el mantenimiento de caballeros y pobres en Damieta. Los templarios eran además los recaudadores del impuesto de la cruzada. Quizá esta circunstancia explique su impopularidad entre los contribuyentes hispánicos, siempre recelosos de Hacienda.

Los templarios tenían planteados algunos pleitos por cuestiones económicas con la orden de Alcántara y con la de Santiago (este último por la villa de Alcañices). Estas fricciones fueron consecuencia de la rápida expansión económica de las órdenes. En ocasiones fue necesaria la mediación del papa. Parece que las órdenes ambicionaban el control de cañadas ganaderas y pasos.

Parte de las propiedades del Temple procedían de donaciones particulares, como la de los Griegos, que les fue entregada por Teresa Gil, la amante del rey de León. Otras, eran consecuencia de sus actividades militares. Así el castillo de Capilla y sus extensos términos, otorgados por Fernando III al maestre Esteban de Bellomonte después de la conquista de Córdoba.

En las empresas conquistadoras de Fernando III participaron a menudo contingentes templarios. Después de la toma de Sevilla, el rey les otorgó la villa de Fregenal (1248), cabeza de un extenso territorio. Los templarios llegaron a poseer en Castilla más de treinta encomiendas.

La disolución de los templarios en la península Ibérica no resultó tan traumática como en Francia. Los de Aragón se negaron a entregarse y, acaudillados por Ramón de Guardia, se encastillaron en sus fortalezas. En algunas de ellas resistieron el asedio de las tropas reales durante largos meses (Miravet, Monzón, Castellote, Villel, Cantavieja, Chalamera). Pero ya la suerte de la orden estaba echada. Privadas de auxilio exterior, estas fortalezas fueron sucumbiendo una tras otra. Una de las últimas en caer fue la de Miravet.

El proceso contra el Temple en la península Ibérica no fue tan cruento como en Francia. Hay constancia de que en algunos interrogatorios se empleó el tormento, pero en general los freires fueron tratados con cortesía y benevolencia. El concilio de Salamanca, en 1310, declaró inocentes a los templarios de Castilla, León y Portugal. Dos años después, el concilio de Tarragona se manifestaba en el mismo sentido respecto a los de Aragón. A pesar de ello el papa había decidido la supresión de la orden. Sus riquezas desaparecieron en una rebatiña final en la que la parte más sustanciosa correspondió a los reyes y a la orden de San Juan. Los templarios que desearon perseverar en su vocación monástica se integraron en las órdenes militares de Montesa y Calatrava. Los de Portugal, por su parte, fundaron una nueva orden bajo la advocación del primer nombre del Temple: caballeros de Cristo.

El crepúsculo de los dioses

En 1291 los musulmanes conquistaron San Juan de Acre, última ciudad cristiana de Tierra Santa. Occidente se conmocionó ante esta noticia pero esta vez nadie movió un dedo para organizar una nueva cruzada. Corrían otros tiempos menos proclives a la exaltación mística. Por otra parte, la creciente complejidad del comercio internacional había hallado fórmulas para acceder a los más distantes mercados sin necesidad de controlarlos militarmente.

La caída del último bastión cristiano en Tierra Santa acarreó un cierto desprestigio para las órdenes militares, particularmente para la del Temple. Si la función primordial de las órdenes consistía en proteger a los peregrinos en Tierra Santa ¿qué necesidad había de mantener aquellas poderosas y ricas organizaciones?

Los hospitalarios quedaban en una situación menos incómoda que los templarios. Ellos se habían establecido firmemente en Chipre desde tiempo atrás y casi todos los peregrinos que seguían la vía marítima hacían escala en su isla, muy a menudo en penosas condiciones debido a las insalubres circunstancias de la prolongada travesía. Por otra parte, la función primordial de los hospitalarios había sido ofrecer a los necesitados asistencia médica y albergue. Si ya no se iba a luchar en Tierra Santa, esta función asistencial podía ocupar nuevamente un lugar preferente en las labores de los hospitalarios.

La situación de los templarios era mucho más delicada. El Temple había sido fundado exclusivamente para escoltar a los peregrinos que caminaban desde Jaffa hasta Jerusalén. Perdido el dominio de aquella ruta, no quedaba función alguna que justificara el mantenimiento de la orden. Las altas jerarquías debieron considerar la posibilidad de derivar el esfuerzo de su organización hacia misiones de asistencia en Chipre, pero ¿acaso no quedaban éstas suficientemente atendidas por los hospitalarios? Por otra parte, la potencia naval de éstos cubría con creces los requerimientos de los peregrinos que escogieran la vía marítima. La terrestre había sido virtualmente abandonada. Los templarios tuvieron que aceptar la realidad: no tenían nada que hacer en Oriente, por lo tanto se replegaron a Occidente.

En Occidente, el magno edificio de la orden parecía sólido a pesar de que la disciplina y el celo de los hermanos se habían relajado bastante en los últimos tiempos.

Reinaba en Francia Felipe IV el Hermoso, «el rey de hierro». Este hombre inteligente y astuto, ambicioso y maquiavélico, estaba sin blanca. Había sometido a sus barones y a la nobleza flamenca. Incluso había sometido al papa, al que domesticó y obligó a trasladar la Santa Sede a Avignon. Pero a pesar de todos estos éxitos no conseguía enderezar su precaria economía. Lo había intentado todo: alterar la moneda, limitar los beneficios de la Iglesia, expoliar a los judíos, exprimir la banca lombarda, devaluar la moneda... Del retrato que André Maurois hace de este rey merecen destacarse estos rasgos: «La unidad del reino es su más caro cuidado, los procesos, su método favorito. El más gastador de nuestros reyes no tiene más principio financiero que éste: procurarse dinero por todos los medios.» Soberano absoluto, castigaba despiadadamente toda oposición y aspiraba a controlar por completo sus Estados y a sus súbditos. Sólo escapaba a su dominio, y lo limitaba, la soberana orden del Temple, rica, poderosa e independiente.

Controlar el poder y los bienes de la orden del Temple era difícil pero no imposible, puesto que los templarios estaban subordinados al papa y éste lo estaba, virtualmente, a Felipe el Hermoso desde que accediera a trasladar la Santa Sede a Avignon.

Felipe IV se aplicó a la tarea. Primero intentó introducir a uno de sus hijos en la orden, pero no consiguió que llegase a gran maestre. Tampoco fue afortunado en su intento de que el papa fusionase el Temple y el Hospital, una vieja idea ya acariciada por otros pontífices. Felipe hubiese querido realizarla bajo la magistratura suprema de uno de sus hijos.

Así estaban las cosas cuando un antiguo templario, un hombre resentido que había sido expulsado de la orden, vino a facilitarle el pretexto legal que necesitaba. En 1305 un tal Esquin de Floyrano o Floyran, antiguo prior templario de Montfaucon, compareció en Lérida ante Jaime II de Aragón para verter horribles denuncias contra los templarios. Como el aragonés no le concedió el menor crédito, marchó a Francia para repetir las acusaciones ante los juristas del consejo real. Felipe el Hermoso y su calculador canciller Guillermo de Nogaret lo escucharon interesados. No les fue difícil indagar hasta dar con otros antiguos templarios expulsados de la orden y dispuestos igualmente a difamarla. Los oficiales reales dieron la trabazón jurídica adecuada al conjunto de calumnias. Finalmente, el papa Clemente V, hombre de carácter débil, marioneta en manos del rey, otorgó su consentimiento.

El 14 de setiembre de 1307 circuló la orden de arrestar y entregar a la Inquisición a todos los templarios de Francia. La requisitoria enviada a los oficiales de la justicia decía así:

Gracias al informe de varias personas dignas de fe hemos sabido una cosa amarga, una cosa deplorable, una cosa que seguramente horroriza pensar y aterroriza escuchar, un crimen detestable, una execrable fechoría, un acto abominable, una espantosa infamia, una cosa completamente inhumana o más bien ajena a toda humanidad, ha golpeado nuestros oídos conmoviéndonos con gran estupor y haciéndonos temblar con violento horror; y, al sopesar la gravedad, un inmenso dolor va creciendo en nosotros, más cruel todavía desde el momento en que no cabe duda que la enormidad del crimen desborda hasta convertirse en una ofensa para la majestad divina, una vergüenza para la humanidad, un pernicioso ejemplo del mal y un escándalo universal. (...) Hemos sabido recientemente, gracias al informe que nos han facilitado personas dignas de fe, que los hermanos de la orden de la Milicia del Temple, ocultando al lobo bajo la apariencia del cordero, y bajo el hábito de la orden, insultando miserablemente a la religión de nuestra fe, crucificando una vez más en nuestros días a Nuestro Señor Jesucristo, ya crucificado para la redención del género humano, y colmándolo de injurias más graves que las que sufrió en la cruz, cuando ingresan en la orden y profesan, se les presenta su imagen y, horrible crueldad, le escupen tres veces al rostro: a continuación de lo cual, despojados de los vestidos que llevaban en la vida seglar, desnudos, son conducidos a presencia del que los recibe o de su sustituto y son besados por él conforme al odioso rito de su orden, primero en la parte más baja del espinazo, segundo en ombligo y tercero en la boca, para vergüenza de la dignidad humana. Y después de haber ofendido a la ley divina por caminos tan abominables y actos tan detestables, se obliga por el voto profesado y sin temor a ofender la ley humana a entregarse el uno al otro sin negarse, desde el momento en que sean requeridos para ello, por efecto del vicio de un horrible y espantoso concubinato. Por eso la cólera de Dios se abate sobre estos hijos de la infidelidad. Esta gente inmunda ha renunciado a la fuente del agua viva, reemplazando su gloria por la estatua del becerro de oro e inmolando a los ídolos. (...) Aquel a quien se recibe pide –en primer lugar– el pan y el agua de

Madrid

"Puerta del Sol"

L. DOMINGUEZ, S.A. - Tel. 91 447 82 75 - MADRID

La postal de la amistad
La carte postale de l'amitié
The friendship post card

8 426013 123109

65

© FISA - ESCUDO DE ORO, S.A. - Barcelona - Printed in Spain
Dep. Legal B. 30434-XXXVIII

papel reciclable

la orden, luego el comendador o el maestre encargado de su recepción lo conduce secretamente detrás del altar, a la sacristía o a otra parte y le muestra la cruz y la figura de Nuestro Señor Jesucristo y le hace renegar tres veces del profeta, es decir de la imagen de Nuestro Señor Jesucristo, y escupir tres veces sobre la cruz; luego le hace despojarse de sus ropas y el receptor lo besa al final de la espina dorsal, debajo de la cintura, luego en el ombligo y luego en la boca, y le dice que si un hermano de la orden quiere acostarse con él carnalmente, tendrá que sobrellevarlo porque debe y está obligado a consentirlo, según el estatuto de la orden, y que por eso, varios de ellos por afectación de sodomía se acuestan el uno con el otro carnalmente y cada uno ciñe un cordel en torno a su camisa que el hermano debe llevar siempre sobre sí todo el tiempo que viva; y se dice que estos cordeles se colocan y se disponen en torno al cuello de un ídolo que tiene la forma de una cabeza de hombre con una gran barba y que esta cabeza se besa y se adora en los capítulos provinciales, pero esto no lo saben los hermanos, excepto el gran maestre y los ancianos. Además, los sacerdotes de la orden no consagran el cuerpo de Nuestro Señor. Después de ésta, se abrirá una investigación especial sobre los sacerdotes de la orden. (...)

Llama poderosamente la atención que en la misma requisitoria de detención de los templarios se establezcan y delimiten los delitos de los que son acusados. Es un modo indirecto de orientar los interrogatorios de los oficiales del rey, para que ellos mismos sugieran estas confesiones a sus reos quebrantados por la tortura. El cuestionario del inquisidor quedó, por tanto, establecido en los siguientes puntos:

1. Que renegaban de Cristo y escupían sobre la cruz en la ceremonia de admisión en la orden.
2. Que en esta ceremonia se intercambiaban besos obscenos.
3. Que los sacerdotes de la orden omitían las palabras de la consagración cuando decían misa.
4. Que practicaban la sodomía.

5. Que adoraban ídolos.

6. Que se confesaban mutuamente y que el presidente del capítulo perdonaba los pecados.

Todas estas acusaciones parecen infundadas y calumniosas, exceptuando, quizá, la última de ellas, que pudiera responder a una confusión entre el perdón por las faltas a la regla templaria, otorgado por el presidente de cada capítulo, y la sacramental absolución de los pecados que sólo podía corresponder al capellán. Algunos de los delitos tenidos como norma común entre los templarios estaban específicamente señalados como pecados abominables en la regla de la orden. Los estatutos establecen que «aquel de nuestros hermanos que cometa pecado de sodomía perderá el hábito de nuestra orden; con grillos en los pies, cadena al cuello y esposas en las manos será arrojado a prisión perpetua, para que se alimente allí del pan de la aflicción y beba el agua de la tribulación por el resto de su vida».

En las actas de interrogatorio afloran otras acusaciones no menos peregrinas. A Bartolomé de la Tour, capellán templario, le preguntan sus interrogadores:

—¿Acaso no rodean las cabezas de los ídolos con un cordel que se ciñen a continuación sobre la camisa y el cuerpo?

—No —responde el templario—, los hermanos sólo llevan un cinturón de lino sobre la camisa.

—¿Por qué llevan ese cinturón?

—Creo que lo llevan, y yo también lo llevo, porque está escrito en el evangelio de Lucas: *sin lumbi vestri precinti*, etcétera. Es observancia de la orden y los hermanos lo llevan noche y día, pero no tocan ninguno de los ídolos que decís.

Con las primeras luces del viernes 13 de octubre de 1307, un vasto dispositivo policial se puso en marcha en toda Francia. El recinto del Temple en París fue ocupado por las tropas reales capitaneadas por el propio Nogaret. Los templarios fueron arrestados en sus conventos, castillos y encomiendas. En todas partes se dejaron encarcelar sin oponer la menor resistencia. ¿Por qué estos hombres entrenados en el manejo de las armas optaron por entregarse a los oficiales del rey? Éste es uno de los muchos interrogantes que surgen del proceso. Quizá tuvieron en cuenta que la regla prohíbe esgrimir la espada contra otro cristiano o quizá la sorpresa fue tan completa que impidió toda reacción. Pero, por otra parte, es difícil creer que la vasta operación policial fuese preparada tan en secreto que no llegase a oídos de la poderosa orden. Quizá todo el asunto resultaba tan desmesurado que los dirigentes templarios nunca creyeron que verdaderamente pudiera suceder. Algo parecido a lo que ocurrió a los judíos bajo dominio nazi: se rumoreaba la existencia de campos de exterminio, pero ellos se resistían a creer que fuera cierto y que aquello pudiese ocurrir en un país tan civilizado y en pleno siglo veinte.

Comenzó el proceso. Los inquisidores de los distintos tribunales provinciales comenzaron a llenar pliegos con las confesiones de los hermanos, ya fueran espontáneas o forzadas por la tortura. Y comenzaron las sorpresas. Los mayores dignatarios de la orden, incluido su gran maestre, suscribían las terribles acusaciones. Es más, el propio Jacques de Molay se acusó y acusó a la orden ante la universidad de París y animó a sus correligionarios a imitar su ejemplo. Es evidente que en su hora más difícil la orden no contó con un maestre valeroso y firme capaz de estar a la altura de las circunstancias. Quizá este hombre mediocre y cobarde se aferró a la posibilidad de salvar su vida y asegurarse un futuro desahogado y se dejó persuadir por los enviados del rey. Da la impresión de que muchas de sus acciones son producto de unas negociaciones secretas con agentes reales, aunque después, evidentemente, el rey incumpliera sus compromisos. El memorial que Jacques de Molay dirigió al papa es un ejemplo de pobreza intelectual y egoísmo: da la impresión de que lo único que lo preocupa es la posibilidad de perder sus privilegios si el Temple se une al Hospital.

El rey de Francia había apresado a los templarios en nombre de la Iglesia. No le quedó más remedio que transferir a sus prisioneros a los tribunales eclesiásticos cuando éstos los reclamaron. En cuanto se vieron en poder de la Iglesia, los dignatarios templarios se retractaron de sus primeras declaraciones alegando que habían sido arrancadas bajo coacción. Consecuentemente, el papa impugnó la validez de las primeras confesiones. Se abrió una controversia jurídica entre la justicia civil y la eclesiástica, con el arbitraje de la universidad de París. Felipe el Hermoso sabía que sus argumentos estaban de antemano condenados al fracaso puesto que, desde el punto de vista estrictamente canónico, solamente correspondía al papa juzgar a los templarios. Entonces intentó socavar la autoridad del pontífice divulgando libelos contra su persona. Lo acusaba, muy razonablemente por otra parte, de nepotismo puesto que, desde que accedió al pontificado, había elevado a la púrpura cardenalicia a algunos de sus parientes, sin respetar escalafón, en perjuicio de muchos doctores que codiciaban la prebenda. Otros libelos anónimos, igualmente inspirados por el rey, exhortaban al poder civil a imponerse al eclesiástico y a castigar a los templarios. Evocaba el ejemplo del severo Moisés bíblico, el que castigó a los idólatras incluso contra el parecer del sumo sacerdote Aarón.

El conflicto fue soslayado con una solución de compromiso que en realidad entrañaba una sumisión de los tribunales eclesiásticos a los civiles. A partir de 1309 se aceptó que los templarios presos fueran interrogados independientemente por tribunales civiles o eclesiásticos. Sobre el papel parecía una medida tendente a favorecer la imparcialidad del proceso, pero en realidad ocultaba una turbia maniobra de Felipe puesto que muchos de estos tribunales estaban en manos de obispos que le debían sus diócesis.

Los templarios volvieron a los interrogatorios, al confinamiento y a las sesiones de tortura. Algunas confesiones son patéticas y esclarecedoras. El comendador de Payens, Ponsaro de Gizy, declaró que sus hermanos no se atrevían a defenderse porque sabían que sólo en París habían muerto treinta y seis de ellos en el potro de tortura. La situación era, en realidad, mucho más grave: en toda Francia habían perecido ya varios centenares de templarios debilitados por la tortura, las enfermedades y las condiciones insalubres de sus calabozos. El declarante está dispuesto a morir, pero sabe que si lo torturan acabará acusándose de lo que sus interrogadores quieran.

Desbordado por los acontecimientos, Jacques de Molay se sumió en una profunda depresión y se confesó incompetente para defender a la orden. No obstante, el tiempo parecía correr contra el rey y sus interesados sicarios. Debido a la lentitud de la justicia, los procesos se prolongaron durante meses. Pasada la sorpresa de los primeros momentos, los encarcelados comenzaron a articular la defensa de la orden. Muchos de los que al principio habían suscrito las acusaciones presentadas, quizá desconcertados al conocer que su maestre y altos dignatarios las admitían, se retractaban de cuanto habían afirmado anteriormente. Pero también esta eventualidad pudo ser remediada por los astutos juristas de Felipe el Hermoso. De manera fulminante, medio centenar de templarios fueron declarados relapsos y perecieron en la hoguera. El movimiento quedó cortado en su raíz.

El papa convocó un concilio en Vienne (1311) para decidir sobre la suerte de la orden. Mientras se desarrollaban sus sesiones, el rey francés reunía Estados Generales para presionar sobre las deliberaciones conciliares y arreciaba su ofensiva diplomática sobre el papa. El concilio entendió el mensaje y aprobó la disolución del Temple y la confiscación de sus bienes. Oficialmente las posesiones de los templarios pasarían al Hospital, excepto en Mallorca, Portugal, Aragón y Castilla-León.

La suerte de la orden en los otros países de Europa fue distinta. Desde el comienzo del conflicto, Francia había desencadenado una ofensiva diplomática internacional contra el Temple. Felipe el Hermoso exhortaba a sus colegas para que procesaran a los templarios establecidos en sus dominios, pero los monarcas europeos, todos ellos en buenas relaciones con el Temple, se mostraron renuentes hasta que el propio papa solicitó el proceso y ulterior disolución de la orden. En cualquier caso, fuera de Francia los templarios resultaron absueltos en todos los procesos.

Las detenciones comenzaron primero en Navarra, que estaba ligada a Francia. El rey de Aragón manifestó que no apresaría a los templarios hasta que se lo ordenase el papa, especificando de qué delitos los acusaba. No obstante, en diciembre de 1307, mandó prender a los hermanos adelantándose a la orden pontificia. Seguramente fue una maniobra para poder disponer de los bienes requisados antes de que la justicia eclesiástica se pronunciase sobre ellos. Luego encomendó al inquisidor general y a los obispos de Valencia y Zaragoza que incoasen el proceso.

Algunos templarios ofrecieron resistencia en sus castillos y hubieron de ser reducidos por las armas. Castellote resistió once meses; Miravet, un año; Monzón, año y medio. En Miravet la defensa fue dirigida por el hermano Ramón de Guardia en un intento por aglutinar los esfuerzos de distintos focos de resistencia templaria. Cuando las tropas reales consiguieron irrumpir en el castillo, lo encontraron orando en la solitaria capilla.

El maestre provincial, Bartolomé Belbir, había solicitado la convocatoria de un concilio. En los interrogatorios no aparecieron confesiones de culpabilidad. El 4 de noviembre de 1312 se les declaró inocentes, lo que no evitó la disolución de la orden. El reparto de los bienes confiscados fue objeto de pleitos entre el rey de Aragón y la Santa Sede. Finalmente una parte se destinó a las órdenes de Montesa y Hospital y el rey retuvo el resto. En 1331 se permitiría ingresar en otras comunidades a los antiguos templarios aragoneses.

En Castilla y León el proceso discurrió de modo parecido. Después de la información, por un tribunal de Medina del Campo, el concilio de Salamanca declaró unánimemente la inocencia de los templarios de Portugal, Castilla y León. No obstante, quedaba al arbitrio del papa y del concilio de Vienne la última decisión sobre la libertad de los encarcelados y el destino de los bienes de la orden. Cuando Clemente V la suprimió, las posesiones del Temple fueron transferidas a los hospitalarios. En Castilla las heredó la corona; en Portugal, la orden de Cristo (1320) y en Valencia, la de Montesa (1317), estas dos últimas fundadas con este propósito.

El gran maestre en la hoguera

Después de prolijas deliberaciones, el concilio de Vienne acordó la suerte de los templarios procesados. El 18 de marzo de 1314 el gran maestre, Jacques de Molay, fue conducido, junto con otros notables de la orden, al atrio de la catedral de París. En aquel marco solemne, ante la expectante muchedumbre congregada, el tribunal dictó sentencia condenatoria. Jacques de Molay y los otros grandes dignatarios templarios fueron condenados a cadena perpetua. Es posible que hubieran albergado la esperanza de una sentencia más leve. La reacción del maestre, que quizá había negociado una pena liviana a cambio de sus vergonzosas inculpaciones, fue todo lo airada que cabía esperar en un ser mezquino y egoísta. Proclamó que las herejías imputadas a los templarios eran completamente falsas y que la orden del Temple era santa, justa y católica. Si había mentido sobre este punto había sido por temor a la tortura y sobornado por las falsas promesas de sus perseguidores.

Aquella misma tarde Jacques de Molay y otros treinta y seis templarios fueron quemados en la hoguera, en una isla del Sena. Un testigo presencial lo cuenta así: «El gran maestre, cuando vio la hoguera dispuesta, se desnudó sin titubear quedándose en camisa. Maniatado, lo llevaron al poste. Él dijo a sus verdugos: "Al menos dejadme que junte un poco las manos para orar a Dios, ya que voy a morir. Dios sabe que muero injustamente. Estoy convencido de que Él vengará nuestra muerte. A vos, Señor, os ruego que miréis a la Virgen María, Madre de Jesucristo." Se le concedió lo que pedía y murió dulcemente en esta actitud, dejando maravillado a todo el mundo.»

El papa Clemente V falleció apenas transcurrido un mes de la muerte del gran maestre. Ocho meses más tarde lo seguía a la tumba Felipe IV el Hermoso, a consecuencia de una caída del caballo. La misma oscura suerte corrió el canciller Nogaret, ejecutor de todo el turbio asunto del proceso a los templarios. Esquieu de Froyran, el traidor, murió apuñalado. De un modo u otro todos los actores de este drama desaparecieron del escenario en cuanto cayó el telón.

Los misterios

Acaba la historia y, después de un largo hiato de silencio, comienzan el misterio y las leyendas. Pocas instituciones del pasado han despertado tanta fascinación en el hombre moderno como la orden del Temple. Esta fascinación procede probablemente del desastrado y romántico final, del crepúsculo de los dioses que tuvo la orden, de su proceso y de las extrañas acusaciones de que sus miembros fueron víctimas.

Algunos autores creen que los templarios eran inocentes de las acusaciones que se les imputaron y opinan que todo fue un burdo montaje del rey de Francia, con el beneplácito del papa. Otros admiten un fondo de verdad en ciertas acusaciones, pero sugieren una explicación que absuelve igualmente a los templarios: la negación de Cristo en la ceremonia de admisión, única que parece tener cierta base real, pudo ser un rito que tendría por objeto sumir al postulante en la más abyecta situación para luego elevarlo desde ella. Otros opinan que se trataba de una remembranza de las negaciones de san Pedro o una extrema prueba de obediencia. Abundando en este tipo de explicaciones se ha sugerido que quizá se escupiría a la cruz para despreciarla en lo que tiene de instrumento de muerte y no en su valor como símbolo cristiano; los besos dados en las partes vergonzosas y las invitaciones a la sodomía pudieron ser calumnias inspiradas por las inocentes novatadas de soldados –puesto que soldados eran los hermanos que recibían a los reclutas–. Son explicaciones excesivamente rebuscadas para lo que parece reducirse a simples calumnias inspiradas por los sicarios del rey de Francia.

Las circunstancias misteriosas que rodearon el proceso y ruina de los templarios han estimulado durante siglos, y particularmente a partir del XVIII, la fértil imaginación de autores y novelistas y han enturbiado el tema considerablemente. No obstante, hoy es posible ver claro el origen de los mitos templarios gracias a las investigaciones de algunos historiadores, entre los que cabe destacar al británico Peter Partner, al que nos ceñiremos en las páginas que siguen.

La asociación de los templarios con el ocultismo se produjo en el siglo XVIII, es decir, cuatro siglos después de la disolución de la orden. No se puede tener en cuenta que la obra *De occulta philosophia* de Agrippa de Nettensheim mencionara a los templarios entre los brujos y magos de la Edad Media pues resulta evidente que tal asociación no tiene más base que la acusación de adorar a un ídolo diabólico de que fueron víctimas. En el Renacimiento, cuando al amparo de la filosofía se produjo una nueva valoración de la libertad del hombre, algunos teóricos políticos ejemplificaron en la supresión de los templarios las terribles consecuencias que se derivan del despotismo y arbitrariedad de los gobernantes. Abundando en el mismo pensamiento, Jean Bodin menciona a los gnósticos y a los templarios como corporaciones que sufrieron persecución a causa de calumnias. Esta asociación meramente fortuita es el origen de la relación de gnosticismo y templarios en autores posteriores.

La corriente de simpatía de humanistas y reformadores hacia el Temple decreció un tanto después de 1654 debido a la publicación de algunos documentos del proceso tendenciosamente seleccionados para alentar sospechas sobre la posible culpabilidad de la orden. Sería un siglo después, ya en el Romanticismo dieciochesco, cuando nacieran los mitos templarios que perduran hasta hoy. Las causas de este fenómeno fueron varias y complejas. Por una parte, la nostalgia literaria por la Edad Media y sus imaginados misterios, por la novela gótica y el esplendor de lo oculto. Por otra, la humana fascinación por la decadencia y las causas perdidas y la solidaridad de los espíritus ilustrados hacia toda minoría perseguida por razones doctrinales.

Pero el mito templario no hubiese arraigado y crecido con fuerza en el siglo XVIII si no hubiese sido adoptado por charlatanes y francmasones que propugnaban una interpretación del universo basada en un conocimiento oculto y secreto. El siglo XVIII, aunque fue el de la razón y las luces, contempló la actuación, en las distintas cortes europeas, de una legión de charlatanes y magos. En un ambiente de credulidad y devoción científica propenso a admitir cualquier formulación espiritual, por descabellada que fuera con tal de que resultara distinta a la propuesta por la religión oficial, proliferaron las sectas y agrupaciones masónicas. La más antigua de ellas fue probablemente la inglesa, que existía en 1717. El simbolismo idealista de la nueva secta necesitaba una apoyatura histórica que la legitimase y le prestase crédito y solera. La halló en su asociación con los templarios. Nada más facil que autoproclamarse heredera espiritual y transmisora del legado iniciático heredado de los templarios. Este legado había sido a su vez transmitido desde la antigüedad por una áurea cadena que arrancaba de los gnósticos, de los cultos mistéricos egipcios y griegos, e incluso de los canteros del templo de Salomón, y llegaba a los cruzados pasando por los misteriosos esenios y los no menos misteriosos canónigos del Santo Sepulcro. Los templarios habían constituido un eslabón más de esa cadena, un eslabón sin duda importantísimo puesto que fueron los transmisores del conocimiento iniciático desde Oriente a Europa y los patrocinadores del arte gótico que floreció por toda la Cristiandad.

Estas invenciones tuvieron seguramente un origen anónimo y en cierto modo colectivo pero su primera sistematización es mérito de tres hombres singulares: el inglés George Frederick Johnson y los alemanes Karl Gotthelf von Hund y el pastor Samuel Rosa. Johnson tuvo la idea de extraer de los románticos templarios inventados por sus colegas los ritos de las logias masónicas. Von Hund, un adinerado y extravagante visionario, iba más allá: estaba deslumbrado por la posibilidad de crear una religión de la razón que recogiese las enseñanzas tradicionales de los filósofos y alquimistas antiguos. Aseguraba que él era un mero divulgador de ciertos conocimientos secretos que le eran transmitidos por unos misteriosos «superiores desconocidos».

Inmediatamente muchos charlatanes e impostores se hicieron con las ideas de estos precursores y las divulgaron con imaginativos aditamentos. Y para que el conjunto tuviese más fuerza literaria ascendieron a la categoría de héroe al pacato último maestre del Temple, nuestro viejo conocido Jacques de Molay. La sabiduría secreta de los templarios procedería en última instancia de un cofre que contenía los secretos y archivos de la orden. Este legado habría sido transportado por algunos templarios fugitivos a Escocia. También se especulaba con la posesión de una serie de objetos mágicos pretendidamente templarios, entre ellos el candelabro del templo de Jerusalén, las columnas de ese mismo templo, que llegaron a ocupar un lugar fundamental dentro de la simbología masónica, y la corona del reino de Jerusalén.

El mito templario, vertido en los moldes espiritualistas de la masonería y vestido con sus románticas galas, hizo furor entre las clases ilustradas y burguesas de Europa. Surgieron por doquier logias masónicas que, en un ambiente de rivalidad y descarada competencia, no vacilaron en multiplicar las jerarquías y grados ni en idear unos rituales cada vez más espectaculares y complejos. En última instancia todo ello producía sustanciosos beneficios para los que controlaban la nueva industria. Samuel Rosa no vaciló en vender supuestos títulos templarios a ricos comerciantes deseosos de ennoblecerse.

A medida que se divulgaban los pretendidos secretos iniciáticos entre un círculo cada vez mayor de adeptos, se detecta también una incidencia mayor en los aspectos meramente históricos de la orden. Se incorporaron, por ejemplo, rituales en los que se maldecía la memoria de los tres abominables: a saber, el papa Clemente V, el rey Felipe el Hermoso y el templario traidor, rebautizado como Noffodei.

Las implicaciones revolucionarias y republicanas de ciertas logias masónicas no tardaron en involucrar la historia templaria en sus aspiraciones por derrocar a la monarquía francesa. Se inventó la leyenda de que sobre la dinastía reinante pesaba la maldición que el último maestre templario emitió desde la hoguera. Los masones, como legítimos continuadores de los templarios, estaban destinados a vengar a la orden. Los escritos masónicos divulgaban y reforzaban esta leyenda aprovechando que los personajes implicados en el proceso del Temple, el papa, el rey francés y su canciller, habían fallecido a poco de la muerte de los templarios. El célebre Cagliostro, interrogado por la Inquisición, no vaciló en declarar que había tenido conocimiento de una conjura templaria para destruir la monarquía francesa y la religión católica en venganza por la disolución de la orden. En la misma línea están los escritos de Gassicourt. Este farmacéutico y publicista estaba persuadido de que los templarios fueron la versión medieval de una secta revolucionaria que se inició con los célebres *asesinos* del Viejo de la Montaña. El derrocamiento de la monarquía francesa era la prueba palpable de la existencia de esta conspiración. Difundían la especie de que cuando la revolución hizo rodar la cabeza de Luis XVI, un misterioso espectador había roto la cadena de guardias que protegían el cadalso, para subir al tablado y, mojando sus dedos en la sangre que brotaba a borbotones del cuello del monarca, salpicarla sobre la muchedumbre mientras gritaba: «¡Yo te bautizo, pueblo, en nombre de la libertad y de Jacques de Molay!»

En este ambiente florecen los grandes templaristas de la segunda generación. Entre ellos cabe destacar a Johann August Starck, inventor de un nuevo rito templario alemán basado en una compleja simbología que incorporaba los recientes descubrimientos arqueológicos de las antiguas culturas de Persia, Mesopotamia y Egipto. A partir de su valoración de Bafomet como la imagen adorada por los templarios (que constituyó una de las acusaciones del proceso), asimiló la orden a las antiguas sectas satánicas. En esta labor contó con el apoyo de otro masón templarista, Friedrich Nicolai, que defendía el carácter gnóstico de la orden, lo que enriquecía considerablemente su acervo oculto. Para Nicolai, el ídolo Bafomet simbolizaba el bautismo o espíritu y era una herencia de los gnósticos del siglo III.

Los seguidores de Starck y los de Von Hund se enzarzaron en agria polémica. Mirando el bien común, y también el negocio, se imponía una negociación que los armonizara dentro de lo posible y evitara el mutuo descrédito. En 1772 celebraron un concilio templario en la localidad prusiana de Kohlow. Von Hund, cansado y viejo, se avino a modificar su anterior postura intransigente y admitió la supremacía del grupo rival a cambio de un puesto honorífico. Cuatro años después moriría autoproclamándose gran maestre del Temple y sería amortajado con las insignias y uniforme que había ideado para su personaje.

La misma proliferación de contrapuestas y cada vez más descabelladas teorías templarias que vemos en Alemania se observaba entre los masones del resto de Europa. Por todas partes el templarismo acrecía su caudal con los más pintorescos aportes de la arqueología y del esoterismo ocultista. Esta exuberancia acabó redundando en su descrédito. Por otra parte, las ideas románticas pasaron de moda rápidamente y con ellas la admiración bobalicona por el presunto esoterismo medieval y sus correlatos de transmisión oculta del conocimiento. Joseph del Maistre despacha todo el mito templario de un plumazo: «El fanatismo los creó, la avaricia los destruyó; eso fue todo.» Incluso el propio Starck, después de muchas controversias con otros supuestos templarios acabaría satirizando sus propias imposturas en su novela *Saint Nicaise*.

Estos movimientos neotemplarios habrían pasado inadvertidos si un estudioso serio no se hubiera dejado vencer por la tentación de utilizarlos –posiblemente sin creer firmemente en ellos– para reforzar sus teorías políticas. El jesuita Agustín de Barruel, en su monumental historia del jacobinismo (1798), propuso la teoría de la conspiración histórica de las sectas ocultistas estableciendo entre ellas una continuidad desde al menos los primeros maniqueos persas hasta los masones, pasando por los cátaros y los templarios. En este caldo de cultivo nacerán notables mixtificaciones y falsificaciones, algunas de las cuales han perdurado hasta el siglo XX. Éste es el caso de los decimonónicos *Protocolos de los sabios ancianos de Sión*, que comenzó siendo un panfleto antizarista, plagiado a su vez de una obra de Maurice Joly contra Napoleón III, y acabó avalando una supuesta conspiración satánica judía, calcada del esquema del satanismo templario.

En el siglo XIX los franceses tomaron el relevo de los alemanes. Nuevas sectas parecen surgir de las desacreditadas cenizas de los románticos neotemplarios alemanes. El movimiento anticlerical que siguió a la revolución francesa favoreció la búsqueda de nuevas orientaciones trascendentes que sustituyeran a la religión tradicional asociada al antiguo régimen. Además, con el movimiento científico y el desarrollo de las ciencias auxiliares de la historia, se comenzaron a explorar sistemáticamente los archivos medievales. Entonces se publicaron los documentos del proceso templario que aún permanecían inéditos, con la decepción que era de esperar: se trata de aburridos interrogatorios en los que no aparece nada que confirme la rica tradición esotérica que se ha venido atribuyendo a la orden desde un siglo atrás. Los animosos neotemplarios no se arredraron por esta contrariedad: si los documentos no existían, había que inventarlos. Y pusieron manos a la obra, con entusiasmo digno de mejor causa, en la labor de reinventar el pasado falsificando testamentos iniciáticos y tratados secretos del Temple. Entre estos falsificadores destacan el podólogo y antiguo seminarista Raymond Fabré-Palaprat y su colega Ledru. Fabré-Palaprat retomó entusiásticamente la abultada historia secreta de los templarios allí donde la habían dejado los alemanes, aplastados por su propio rigorismo doctrinal. Pero el francés supo sortear estos peligros y, adobando el conjunto con la gracia de su imaginación meridional, lo puso nuevamente en circulación remozado con las nuevas ideas científicas. Su gran creación fue el *Levitikon*, un supuesto manuscrito templario que demostraba que la orden había sido fundada por el propio Jesucristo. El *Levitikon* estaba llamado a ser el nuevo evangelio de una religión basada en el progreso y en la ciencia, una religión iniciática similar a las sugeridas por masones y teósofos. Los fundamentos filosóficos de esta creencia eran simples: Dios había estructurado su creación según una jerarquía de inteligencias. El hombre ascendía a la posesión de lo divino mediante la iniciación. Jesucristo había confiado a Juan las claves del conocimiento esencial y a través de Juan este conocimiento se fue transmitiendo, por caminos secretos, según la áurea catena de los iniciados, a través de los patriarcas de Jerusalén hasta alcanzar a los templarios. Los grandes maestres de la orden habían preservado esta enseñanza iniciática no sólo en los tiempos de prosperidad, sino también en la clandestinidad que siguió al proceso y supresión del Temple.

También Ledru aportó su granito de arena en la magna obra de inventar una historia templaria que resolviera el difícil problema de explicar la transmisión de la herencia iniciática en el espacio de tiempo que media entre la disolución de la orden y la constitución de sus presuntas herederas espirituales, las logias masónicas, ninguna de las cuales era anterior a 1717. A tal efecto falsificó burdamente un diploma medieval que fechó en 1324. Se suponía escrito por un tal John Mark Larmenius, presunto sucesor de Jacques de Molay y primer gran maestre en la clandestinidad.

Otra celebrada falsificación templaria fue, hacia 1870, la de Merzdorf, que aseguraba haber encontrado en un códice del siglo XIII las dos reglas de la orden, una más restringida para los hermanos escogidos, la verdadera camarilla dirigente, entre cuyos rituales secretos figuraba el beso en el miembro viril del superior, y la regla de los hermanos consolados. Del examen de estas reglas se infería que los templarios habían estado muy relacionados con los cátaros y que de ellos descendía, sin lugar a dudas, la masonería operativa.

La nueva orden fundada por Fabré gozó muy pronto de cierta popularidad entre la nueva aristocracia revolucionaria, procedente de una burguesía deslumbrada por los rimbombantes títulos, la pompa ceremonial y los vistosos uniformes. Su presentación, el día 18 de marzo de 1808, aniversario de la ejecución de Molay, en la iglesia de San Pablo de París constituyó el acontecimiento mundano más sonado de la corte de Napoleón. Los oficiales de la flamante orden, tenderos y menestrales venidos a más que habían adquirido sus flamantes títulos al avispado Fabré, comparecieron ataviados con sus blancas capas de cruzados y engalanados con arneses militares e imaginativas condecoraciones. Pero pasada la euforia de estos brillantes inicios, la orden languideció prontamente y nunca alcanzó la relevancia de sus predecesoras alemanas ni llegó a contar con un número importante de adeptos fuera del círculo parisino. Fabré se proclamó solemnemente sucesor del apóstol Juan, sumo pontífice, patriarca y gran maestre de la orden del Temple restaurada. Compareció en la vistosa ceremonia armado de yelmo y espada que aseguraba habían pertenecido a Jacques de Molay. Además, las presuntas reliquias calcinadas del último maestre fueron expuestas a la veneración de los asistentes dentro de una artística urna de plata decorada con cruces paté.

Los nuevos templarios franceses prolongaron su lánguida existencia durante más de medio siglo. Se mantuvieron independientes de las logias masónicas y continuaron reuniéndose, en número cada vez más reducido, en una antigua bodega de la Cour des Miracles, cerca de la Puerta de Saint-Dénis. En 1828 intentaron un relanzamiento. Fabré-Palaprat se asoció con Ferdinand Chatel y rebautizó la orden como Alta Iniciación o Santa Iglesia de Cristo o Iglesia de los Cristianos Primitivos. Pero el número de socios no aumentó significativamente ni siquiera cuando admitieron «templarias» en la secta, una notable concesión de carácter feminista. Corrían tiempos difíciles para las elevadas creencias y los misterios. La asociación de los dos visionarios fue efímera. Fabré-Palaprat falleció en 1838. Bien puede decirse que la iglesia johannita falleció con él. Lo sucedió William Sydney Smith, excéntrico almirante británico retirado, cuya única acción notable fue la de extender el certificado de defunción de la secta. Las presuntas reliquias de Jacques de Molay quedaron depositadas en el altillo de un polvoriento armario de los archivos nacionales.

Al otro lado del canal de la Mancha, otros francmasones neotemplarios secundaban la obra de Fabré. Destaca entre ellos el inefable mitómano Joseph Hammer.

Como falsificador de pruebas arqueológicas, Joseph Hammer demostró ser más experto aún que sus colegas franceses. Desdeñando los documentos literarios, cuya falsedad es fácilmente detectable, se inclinó por la fabricación de objetos arqueológicos reveladores a partir de los cuales construyó las más peregrinas teorías. Entre sus «descubrimientos» se cuentan unos exóticos ataúdes templarios cubiertos de extraños garabatos: la escritura secreta de la orden.

Hammer publicó en 1818 la *Revelación del misterio de Baphomet*, la obra divulgadora del presunto satanismo del Temple que crearía escuela en el mundo de los mitos templarios. En ella Hammer se aparta de las desprestigiadas pretensiones masónicas y procura ahondar en los orígenes míticos de los templarios reinventando su historia sobre el patrón de los mitómanos alemanes del siglo anterior. Para Hammer, los templarios fueron «culpables de apostasía, idolatría e impureza, así como de profesar las doctrinas gnósticas e incluso las ofitas». La secta ofita, vigente en los primeros siglos del cristianismo, obligaba a sus miembros a maldecir a Jesús. Esto explicaría que los templarios, sucesores suyos, renegaran de la cruz. También habían adoptado una forma de adoración fálica que se reflejaría en el simbolismo de la cruz tau. Finalmente, el Bafomet es un Achamoth, mitad hembra, o Sophia, la que sostiene el tau, es decir, el falo, o la serpiente, eco medieval de las antiguas religiones matriarcales y cultos precristianos de la naturaleza divulgados entonces por Bachofen y otros historiadores de las religiones. Hammer estaba convencido de que esta religión matriarcal había coexistido con el cristianismo y que todas estas extrañas sectas antiguas y medievales, incluido el Temple, eran en realidad sus oficiantes y transmisores. Finalmente, los templarios veneraban a Juan el Bautista por una mera cuestión de cábala fonética pues *Janbetif* (Juan Bautista) significaba en árabe *ano*. Para Hammer existe una relación entre todas las sectas extrañas de la antigüedad: en su cajón de sastre caben todos los mitos templarios desarrollados hasta entonces en un siglo de desbordada imaginación: gnósticos, druidas, albigenses, *asesinos*, y, finalmente, los caballeros de la Tabla Redonda y los buscadores del Grial, una orden de origen gnóstico, y los canónigos del Santo Sepulcro.

Al margen de la cuestión meramente religiosa y ocultista, los templarios comenzaron a ser objeto de la atención del público en general. Algunos propagandistas liberales los consideraron mártires de la libertad y los elevaron a la categoría de símbolos. La orden padeció persecución a causa de sus avanzadas ideas sociales y del conocimiento oculto con el que pretendieron redimir a la humanidad. La vinculación de los templarios con los maniqueos y cátaros se daba por establecida: solamente cabía discutir si el maniqueísmo era una promesa de redención de la humanidad o un credo perverso destinado a perderla. Los lectores de Gabriele Rossetti, Hammer y los otros divulgadores de estas teorías aceptaron una Edad Media esquemática en la que dos grandes religiones se debatían en una lucha sin cuartel: por una parte, la oficial y represora, representada por los papas y las cómplices monarquías; por otra, la secreta y liberadora de los maniqueos en sus distintas versiones. Por maniqueos eran tenidos templarios, albigenses, caballeros del Grial, valdenses y el largo etcétera de las sectas y herejías medievales. Los templarios constituyeron una asamblea de sabios cuyo objetivo era la sinarquía, el gobierno del mundo por una minoría de iniciados destinada a implantar la justicia y redimir a la humanidad. La instauración de una era de paz y concordia justificaba la vasta conspiración urdida por los templarios y sus acólitos. Para que su dorada utopía triunfara había que derrocar previamente a los poderes reaccionarios que sojuzgaban cada una de las naciones del planeta.

A mediados de siglo, Alphonse-Louis Constant, más conocido por su seudónimo Eliphas Lévi, escribió diversas obras de divulgación en las que sistematizaba los mitos templarios tal como los habían divulgado Barruel y Fabré-Palaprat pero aderezándolos con añadidos iluministas y cabalísticos de su propia cosecha. Los templarios eran johannitas que habían heredado el evangelio de los sacerdotes de Osiris a través de Jesús y el apóstol Juan (siguiendo el *Levitikon*). En el seno de la orden esta doctrina había degenerado en una especie de panteísmo filantrópico que incurrió en el error de divulgar los secretos de la iniciación hacia la masonería con la esperanza de que ésta lograra derrocar al papado. El tan citado Bafomet, el ídolo templario, era un símbolo de la sabiduría, de Azoth, de la piedra filosofal. Los templarios habían intentado establecer el reino de la armonía, de la fraternidad y de la paz, el sueño de todo tecnócrata.

La nueva visión de los templarios gozó de crédito entre los intelectuales liberales de fin de siglo, todos ellos furibundos anticlericales. Además explicaba cómodamente la persecución de la orden por los tradicionales poderes represivos de su tiempo, la Iglesia y la monarquía. La sinarquía constituiría el reconocido ideal de muchas sectas masónicas del siglo XX.

Mientras tanto, nuevas aportaciones de historiadores de las religiones y antropólogos suministraban material inédito para elucubrar nuevas tesis sobre la orden. Jessie L. Weston, discípula de Frazer, profundizó en la cuestión del carácter gnóstico de los templarios y los relacionó más estrechamente aún con los caballeros del Grial, otorgando legitimidad histórica a una leyenda de origen puramente literario.

A fines de siglo, la tercera gran generación de templarios redivivos surge de la mano del estafador Theodor Reuss, fundador de una academia masónica titulada orden del Temple de Oriente. Más adelante se asociaría con el mago Aleister Crowley quien, al parecer, introdujo prácticas de magia sexual en el ritual del grupo. Los aspirantes eran sodomizados durante la ceremonia de iniciación. El que algo quiere, algo le cuesta.

Existe todavía una cuarta generación: la actual. En nuestro tiempo por lo menos seis organizaciones distintas se disputan el derecho de ser reconocidas como legítimas sucesoras de los templarios. Hace dos años, una de estas organizaciones que se hace llamar Ordo Supremus Militari Templi Hierosolymitani convocó un congreso en Faro (Portugal). Concurrieron templarios procedentes de once países europeos y americanos. Las sesiones estuvieron presididas por don Fernando Campoello, 51 gran maestre de la orden (sucesor de su padre, anterior gran maestre, desde 1944). Entre las propuestas aprobadas figuró la de solicitar un reconocimiento oficial del Vaticano para reparar la injusticia histórica perpetrada por Clemente V contra la orden.

Después de la guerra mundial, el tema templario ha producido en diversos países de Occidente toda una literatura especializada que intenta cubrir las demandas de un sector del público aficionado a los temas esotéricos y a los posibles misterios de la historia. En estos dominios, quizá ningún otro tema goza de tanto público fervoroso como el de los templarios. Entre los autores que han estudiado el esoterismo de la orden cabe citar a Louis Charpentier, defensor de una sugestiva hipótesis según la cual los templarios fueron enviados a Tierra Santa para buscar el Arca de la Alianza escondida en el subsuelo de las ruinas del Templo de Salomón. En esta arca se compendiaban los secretos de la proporción, clave de la cábala numérica y geométrica que da acceso al conocimiento y al dominio del mundo. A los templarios se debió el surgimiento del arte gótico en Europa, una arquitectura esotérica. Lo más sorprendente es que estas impresionantes catedrales eran financiadas con plata americana desembarcada en el puerto de La Rochelle. Es obvio que los templarios mantuvieron en secreto la existencia de América y permitieron que Colón se hiciera con la gloria de su descubrimiento dos siglos más tarde. Jacques de Mathieu ha consagrado un voluminoso ensayo al tema de la actuación de los templarios en América. En él rastrea la huella de la orden en la metalurgia precolombina, en las leyendas del hombre blanco de México y en la enrevesada simbología de la cerámica indígena de varias culturas donde cree ver profusión de cruces patés y otros símbolos herméticos.

Para algunos, los francmasones y rosacruces recibieron su tradición y secretos de los templarios. Otras organizaciones ocultistas modernas usurpan sus símbolos y algunas de sus ceremonias reales o inventadas. Existen incluso sociedades secretas completamente falsas, inventadas a partir de documentos apócrifos, que vienen a explicar las claves secretas de los templarios a lo largo de su pretendida historia. Probablemente la más reciente sea el llamado Priorato de Sión, cuyo brazo secular sería la orden del Temple. Esta organización sería la depositaria del cristianismo esotérico de san Juan y abogaría por la reinstauración de la dinastía merovingia surgida del matrimonio de un descendiente de Jesucristo y María Magdalena con el vástago de una noble estirpe de las Galias. Según la tradición, la santa pecadora habría fijado su residencia en Francia.

Casi todas las hipótesis formuladas sobre los templarios se basan en la suposición de que la orden poseía una sabiduría que había heredado o descubierto. Otros sostienen que los templarios recibieron su sabiduría de los egipcios y griegos y de la tradición céltica. En el Templo de Jerusalén, donde instalaron su primera casa, encontrarían el Arca de la Alianza y las Tablas de la Ley, donde se codificaban los conocimientos transmitidos por los egipcios a Moisés. Con este bagaje, los templarios pudieron ser los artífices secretos del renacimiento cultural que se observa en la Cristiandad del siglo XIII, los impulsores de las catedrales góticas por toda Europa, y los precolombinos descubridores de América.

Otros autores han centrado su atención en las fabulosas riquezas del Temple, entre ellos Gérard de Sède, que señala la existencia de una cripta subterránea en el castillo de Gisors. Según él, los templarios depositarían allí, en una serie de grandes cofres, sus más preciados secretos unos días antes de ser arrestados. Gérard de Sède se pregunta: «En el momento en que la Iglesia oficial se disponía a hacer brotar hacia el cielo los maravillosos bajeles de las primeras catedrales, destinadas a inmensas muchedumbres, ¿no ocultaron furtivamente los constructores del subsuelo de Gisors un santuario destinado a los iniciados, a los amantes de Isis, a los alquimistas que habían tomado como emblema la blanca nave de los argonautas?»

Otros libros han especulado sobre los contactos entre templarios y *asesinos*, históricamente posibles puesto que dos importantes posiciones templarias, los castillos de Tortosa (desde 1152) y Castel Blanc estuvieron en la vecindad del territorio de la célebre secta islámica. Basándose en esta relación se ha señalado la posible identidad espiritual de muchos ritos y creencias, lo que pondría a los templarios bajo la influencia del rico acervo de antiguas religiones mistéricas y otros secretos del Oriente que los *asesinos* supuestamente profesaban.

Finalmente, la arquitectura iniciática de la orden, las famosas capillas octogonales que los templarios al parecer construyeron por doquier a imitación de la iglesia del Santo Sepulcro de Jerusalén. Desde que el arquitecto francés Viollet-le-Duc creyó observar que las construcciones templarias estaban inspiradas por la magia de los números, muchos otros autores se han esforzado en descifrar los ocultos y trascendentes mensajes que se derivan de la proporción, número áureo y esquemas geométricos místicos empleados por el Temple en sus construcciones.

Para otros, los saberes secretos templarios se relacionaban con la alquimia: habían descubierto el secreto de la piedra filosofal y estaban en condiciones de fabricar oro, lo que explica el misterioso origen de sus enormes riquezas y la ambición que despertaron en los reyes, lo que, a la postre, acarrearía su ruina.

Opinan algunos que los templarios, convertidos a la mística de los sufíes en Oriente, acariciaron el proyecto de una Europa teocrática sometida a un mesías imperial bajo cuya égida se armonizaran las creencias orientales y el cristianismo occidental.

Y, SIN EMBARGO, QUIZÁ HAYA UN MISTERIO TEMPLARIO

El sueño romántico de los ilustrados alemanes inventó una orden del Temple al gusto de la novela gótica tan de moda en su tiempo. Fervorosos continuadores del género han mantenido y acrecentado ese engendro, extrayendo renovados argumentos de la ciencia histórica, de las lucubraciones religiosas y filosóficas de los dos últimos siglos, del fascinante Oriente y de la arqueología. También han tergiversado datos ciertos para que se hermanasen y sirviesen de apoyatura a los imaginados, y no han vacilado en falsificar documentos. Por estas tortuosas sendas han conducido al fantasma de la desafortunada orden allá donde algo misterioso y singular podía servir para el refuerzo de una vasta literatura.

Por otra parte, historiadores serios se han esforzado en estudiar el Temple ciñéndose a los documentos de la época y han despreciado toda consideración ajena a la que puede deducirse del atento examen y cotejo de los venerables legajos. Y, sin embargo, es posible que estos historiadores no estén en posesión de la única completa verdad y que no todo lo que preconizan los ocultistas sea igualmente falso. Quizá dentro de un tiempo, cuando la ciencia histórica se atreva a emprender estudios interdisciplinares, y a tener en cuenta las conclusiones de la antropología y la historia de las religiones, se comience a admitir que los templarios pudieron ser algo más que monjes guerreros consagrados a proteger a los peregrinos que se aventuraban por el camino de Jerusalén.

2. EL REY ARTURO Y LOS CABALLEROS DE LA TABLA REDONDA

En un lugar de Bretaña conocido por Camelot existió una vez un rey poderoso llamado Arturo, en cuya corte brillaba un grupo de caballeros que se reunían en torno a una enorme mesa: la Tabla Redonda. En aquel tiempo y en aquella tierra ocurrían prodigios y maravillas sin cuento.

Del rey Arturo y de sus caballeros de la Tabla Redonda partió una caudalosa mitología que nutriría, narrada o leída, la fantasía de muchas generaciones medievales. Esta mitología, lejos de haberse extinguido, sobrevive hoy y es capaz de inspirar creaciones tan distintas como las óperas de Wagner, los dibujos de Walt Disney y la desenfadada narrativa de Mark Twain, que imagina las peripecias que pudieron suceder a un americano llegado a la corte del rey Arturo a través del túnel del tiempo.

En Inglaterra una sociedad denominada Camelot Research Committee persevera en sus intentos de desvelar al histórico Arturo liberándolo de las adherencias fantásticas que le prestaron el tiempo y la literatura.

En el siglo IX, un tal Nenius compuso una historia de los antiguos habitantes de Inglaterra. En ella se mencionaba un caudillo celta llamado Arturo que luchaba contra los invasores sajones y los derrotaba en la batalla de Mons Baldonicus. De esta batalla ya se había dado noticia tres siglos antes, pero las crónicas no mencionaban ningún rey Arturo. Los *Anales Cambriae*, obra de fines del X, fechan la memorable batalla en que Arturo derrotó al invasor: el año 516. También fechan otra batalla en la que pereció el rey: Carmlann, en 537.

Éstos son los más antiguos documentos referidos al personaje. Pero también sabemos que Arturo era, ya en el siglo X, una figura familiar del folklore galés. Ignoramos hasta dónde se remontaban las raíces de estas leyendas célticas galesas. No existen datos fiables que garanticen la existencia histórica del mítico rey. Todo lo que tenemos son conjeturas más o menos razonables.

En el siglo XII, dos culturas coexistían en Gran Bretaña: la inglesa, autóctona, y la francesa, importada por los conquistadores normandos que se habían apoderado de la isla. Los normandos tenían tema de inspiración literaria en las historias y hazañas de Carlomagno y sus famosos pares. Los ingleses reaccionaron patrióticamente potenciando la figura de Arturo y sus caballeros para llenar el vacío de su propio campo. La cuestión de si el fabuloso rey había existido o no resultaba irrelevante: los ingleses echaron mano de aquella brumosa figura que emergía del folklore, la elevaron a la categoría de héroe nacional añadiéndole los atributos necesarios para que de ella brotara el frondoso árbol de lo que se dio en llamar Ciclo Bretón. Con el tiempo llegaría a eclipsar al Ciclo Francés, a pesar de todas las formidables aventuras de Carlomagno y sus pares, que tanto gustaban a los normandos.

El Ciclo Bretón

El principal artífice de esta irrupción artúrica en la literatura medieval fue Geoffrey de Monmouth, autor de una historia de los reyes de Britania basada en la de Nenius y en la tradición oral inglesa. Esta obra, muy influida por las figuras de Carlomagno y Alejandro Magno, hace de Arturo un poderoso rey que se cubre de gloria derrotando a un ejército romano en Francia.

Sobre estos sólidos cimientos se levantó la obra maravillosa del Ciclo Bretón, cuyos principales poemas fueron compuestos entre los siglos XII y XVI por autores franceses, ingleses y alemanes.

Al principio, el rey Arturo acaparaba todo el interés, pero después fue cediendo parte de su protagonismo a algunos de sus caballeros, principalmente a Lanzarote, quien, de acuerdo con la moda del momento, encarnó el amor cortés. Un amor, por cierto, adulterino, pues su enamorada es la reina Ginebra, esposa de Arturo. Pasada la primera fiebre del amor cortés surgieron romances que recreaban temas místicos. Entonces adquirió protagonismo el casto Galahad, hijo de Lanzarote, y brilló con luz propia el más fascinante tema de las leyendas artúricas: el Santo Grial.

Como es natural, en este conjunto de historias interrelacionadas, cuya composición abarca casi cinco siglos y es obra de un dispar grupo de autores inspirados por modas e intenciones distintas, no hay que esperar una narración trabada y coherente, sino, por el contrario, una intrincada floresta de personajes y episodios no siempre congruentes. Es posible que la concurrencia de episodios contradictorios preste encanto y valor literario al conjunto, puesto que deja al lector la posibilidad de soñar con la solución que más le plazca.

No debemos escandalizarnos, por lo tanto, si en un poema se nos presenta Gawain como caballero intachable y de atento trato y en otro aparece poco menos que como un bandido sin escrúpulos. A pesar de estas contradicciones, las historias del rey Arturo y los caballeros de la Tabla Redonda mantuvieron su atractivo durante toda la Edad Media.

Bueno será que pasemos revista a los episodios más populares del Ciclo Bretón intentando reconstruir una cronología lógica en torno al rey Arturo.

El que sería rey

Arturo nació en un lugar de Cornualles llamado Tintagel. El rey de este lugar se llamaba Gorlois y estaba casado con Ingerna, la más bella reina que jamás haya existido. El fogoso rey Uther Pendragón se prendó de ella y consiguió del mago Merlín que, con sus encantamientos, le confiriese la exacta apariencia del rey Garlois. Disfrazado de esta guisa pudo poseer carnalmente a la honesta Ingerna y ella quedó preñada de él y dio a luz a Arturo. A poco la reina enviudó y Uther Pendragón la desposó. De este modo el niño quedó legitimado. La leyenda tiene raíces clásicas evidentes; recordemos que Júpiter adoptó la apariencia del esposo de la bella Alcmena y de su unión nació Hércules.

Siendo Arturo todavía niño, una hazaña suya confirmó que estaba destinado a reinar: el mozalbete consiguió arrancar la mágica espada *Excalibur* de la roca donde estaba clavada, hazaña nunca antes conseguida por ningún otro caballero. Era la prueba ideada por el mago Merlín para detectar al futuro rey. Otras versiones aseguran que esta espada le fue entregada a Arturo por un hada, la Señora del Lago.

Ya rey, Arturo instaló su corte en Camelot, modernamente identificado con el castillo de Cadbury, en Somerset, del que más adelante hablaremos. Su esposa, la inquieta reina Ginebra, que era dama apetecible, no le guardó la fidelidad debida y mantuvo amoríos con el apuesto Lanzarote. En otras versiones, la reina es raptada por Melwas, rey de Aestiva Regia, y luego rescatada por Arturo o por Lanzarote. Otras veces el que la rapta es Mordred, que unos consideran sobrino del rey y otros su hijo. Más vale no meneallo. El lector se irá percatando ya de que el meollo de la literatura popular es siempre el mismo, aunque sus envoltorios difieran y se acomoden a los cambiantes tiempos: cantares, folletines, novelas por entregas, seriales y telenovelas.

En cuanto a Lanzarote, conviene precisar que era hijo del rey Ban de Benoic, pero en su infancia había sido raptado por el hada Vivien, Señora del Lago. El hada lo educó convenientemente y cuando cumplió la mayoría de edad lo envió a la corte del rey Arturo. Lanzarote tuvo un hijo de la princesa Eliane: sir Galahad, el caballero místico.

Los caballeros del rey Arturo se reunían en torno a la Tabla Redonda, diseñada por el mago Merlín para que todos pudieran instalarse democráticamente, sin sitiales preferentes. Esta mesa simboliza la personalidad colectiva del grupo, su cohesión y su hermandad militar. Tan famosa institución inspiró gran parte de las órdenes de caballería creadas por los monarcas europeos.

Arturo luchó contra los invasores sajones y los derrotó en Badon hacia 516. En aquella memorable batalla «llevó la cruz de Nuestro Señor Jesucristo sobre sus hombros por espacio de tres días y tres noches, y los bretones salieron victoriosos». Arturo llegó a ser tan poderoso que pudo exportar la guerra a Noruega y a Francia. Allí derrotó a un ejército romano que pretendía obligarlo a pagar tributo. Se disponía a proseguir sus conquistas cuando recibió noticias de que en Gran Bretaña se le había sublevado Mordred. Regresó Arturo a su reino y se enfrentó a los rebeldes en la batalla de Carmlann, en la que los dos caudillos perecieron. En su agonía, el rey llamó a su lado al fiel caballero Bedivere y le encomendó que devolviese la espada *Excalibur* al lago. Sir Bedivere titubeó antes de arrojar al abismo tan maravillosa arma, pero finalmente cumplió la orden de su señor. Cuando la espada se abatía sobre las aguas, una mano misteriosa emergió, la empuñó, la levantó tres veces y finalmente desapareció en el lago.

Otras versiones sostienen que Arturo sólo resultó herido en el combate y que fue trasladado por los suyos a la mágica isla de Avalon, morada y señorío del hada Morgana y de sus ocho hermanas, todas versadas en magia y pociones curativas. El convento hechiceril se encargó de devolver la salud al rey. En Avalon permanecería curándose y apartado del mundo, pero alguna vez regresaría de este retiro para volver a reinar. Algunos autores consideran al hada Morgana hermana de Arturo.

Los temas del Grial afectan también a la Tabla Redonda. Ésta aparece a veces como la mesa diseñada por José de Arimatea para conmemorar la Santa Cena. El sitio de Judas quedaba libre y era el llamado *siège perilous* (peligroso). Sólo podía ocuparlo sin peligro un caballero intachable, el héroe del Grial, que resultó ser Galahad.

Es posible que la exaltación del tema del Grial en algunas óperas de Wagner, y la admiración que algunos jerarcas nazis sintieron por el músico y por los aspectos esotéricos de su obra se conjugaran para favorecer, en plena Alemania hitleriana, el resurgir de una nueva mitología del Grial, considerado ahora como el libro sagrado depositario de la tradición racial aria.

Hasta ahora hemos contemplado los aspectos míticos y literarios relacionados con la figura del rey Arturo y sus caballeros de la Tabla Redonda. A continuación intentaremos diferenciar al rey histórico del legendario.

LAS PÁGINAS VACÍAS DE LA HISTORIA INGLESA

Gran Bretaña fue fugazmente conquistada por Julio César en el año 54 antes de Cristo. Sin embargo, sólo cabe hablar de verdadera conquista romana en la época del emperador Claudio. Tres siglos y medio permanecieron los romanos en la isla ocupando su parte más fértil. La dotaron de buenas calzadas y campamentos fortificados, amén de poblaciones de una cierta entidad.

A mediados del siglo IV de nuestra era comienza a resquebrajarse el poder romano. Gran Bretaña, acosada por los piratas sajones y anglos, acaba desvinculándose del imperio y Roma renuncia abiertamente a su control. El vacío que dejaron los romanos fue ocupado por una serie de caudillos locales célticos, de origen galés, que organizaron la resistencia de la población indígena frente a los piratas y a los colonos que éstos traían consigo.

El avance sajón sufrió un estancamiento a mediados del siglo VI. Los arturistas consideran que por entonces se produjo la batalla de Badon, en la que los celtas derrotaron a los invasores. No obstante, las noticias del periodo son escasas y poco fiables. Con razón se lamentaba el historiador Trevelyan de que «las páginas más importantes de la historia inglesa están en blanco».

Las fuentes sitúan el reinado de Arturo en el siglo VI de nuestra era. Quizá nació hacia el año 470. Sin embargo, los primeros documentos fiables que lo mencionan datan de unos tres siglos más tarde, aunque vengan acompañados de una tradición oral importante. Al principio, Arturo ni siquiera aparece como rey, sino como *dux bellorum*, es decir, como caudillo militar. Dado que Arturo no es un nombre celta sino latino, algunos se preguntan: «¿Sería quizá un general romano que luchó valientemente contra los sajones y fue devotamente recordado por la tradición?» Otros sugieren que quizá la clave del éxito militar del personaje residía en que empleaba ventajosamente la caballería acorazada, una innovación tardorromana. Como los anglosajones eran guerreros de a pie, el empleo de caballos le otorgaba la ventaja de la movilidad. Su pretendida superioridad táctica permitió a Arturo contener por un tiempo el irrefrenable avance anglosajón. Pudiera ser, pero tampoco hay pruebas que abonen directamente esta suposición. Sólo sabemos que la conquista anglosajona progresó lentamente, lo que permite suponer que encontró enconada resistencia. Cuando consiguieron alcanzar Cornualles, en 825, detuvieron su avance. Jamás conquistaron Gales.

SE ENCUENTRA LA TUMBA DE ARTURO

Hacia 1125, un tal William de Malmesbury visitó la abadía benedictina de Glastonbury y escuchó de labios de un monje la historia de Arturo. Tiempo después, un colega suyo, Geoffrey de Monmouth, historiador con dotes de fabulador y arreglista, divulgó las leyendas artúricas. Después de esto la manipulación política del mito era inevitable. Enrique II, empeñado en prestigiar la monarquía después de una gran crisis de autoridad, concibió la idea de identificar su dinastía con la del mítico rey. La idea no era muy original: también sus colegas los reyes de Francia se consideraban herederos de Carlomagno. Si el nieto de Enrique II hubiese llegado a reinar lo habría hecho con el nombre de Arturo II. Parece que la suerte no acompañaba a los vástagos de sangre real bautizados con el augusto y legitimador nombre del legendario rey. Enrique VII Tudor quiso llamar Arturo a su primogénito y heredero. Incluso lo hizo bautizar precisamente en Winchester, donde se pensaba que había estado la corte legendaria de Camelot. Este Arturo contrajo matrimonio con Catalina de Aragón, hija de los Reyes Católicos, pero falleció antes de subir al trono. De nuevo Inglaterra perdía la oportunidad de tener un rey Arturo II. La corona fue a parar a Enrique VIII, al que algún poeta cortesano llamó «Arturo redivivo». Este rey, famoso por su reincidencia matrimonial, vivió una juventud atlética, pero pasada la flor de la edad, como era proclive al pesebre, comenzó a engordar y se dejó barba, seguramente para ocultar la doble papada. Es posible que el rey barbudo pintado en el centro de la Tabla Redonda de Winchester no sea otro que Enrique VIII.

En 1184, la abadía de Glastonbury sufrió un devastador incendio. Cuando la estaban reconstruyendo, unos obreros encontraron a dos metros de profundidad una losa de piedra y una cruz de plomo con la inscripción HIC IACET SEPULTUS INCLITUS REX ARTURIUS IN INSULA AVALONIA (Aquí yace sepultado el famoso rey Arturo, en la isla de Avalon). Debajo de la losa había un enorme tronco ahuecado que contenía un esqueleto cuyo cráneo presentaba señales de heridas. Al lado había huesos más delicados, presumiblemente de mujer, y restos de cabello rubio. ¿La reina Ginebra? Los huesos fueron preservados por los monjes con todos los honores y colocados entre las más preciadas reliquias de la abadía.

Al año siguiente, el rey Ricardo Corazón de León, cuando iba camino de Tierra Santa para participar en la tercera cruzada, regaló a Tancredo de Sicilia una hermosa espada asegurándole que se trataba nada menos que de la legendaria *Excalibur* aparecida en el sepulcro del rey Arturo.

Todo el asunto del hallazgo de las reliquias artúricas en la abadía de Glastonbury despide un tufillo de falsificación. El caso es que los monjes procuraron alentar la vinculación del monasterio con la legendaria Avalon, la isla maravillosa. Al poco tiempo, esta identificación era universalmente aceptada y nadie discutía que José de Arimatea, el legendario portador del Grial, se hubiese afincado en Glastonbury. Incluso se emprendieron nuevas excavaciones con la esperanza de encontrar su sepultura.

En 1278, el rey Eduardo visitó la abadía para contemplar los huesos de Arturo y Ginebra y los hizo sepultar frente al altar mayor de la nueva iglesia. La manipulación política de la leyenda artúrica continuaba. El rey inglés conquistó Gales, e invocando la autoridad de Geoffrey de Monmouth reclamó sus derechos sobre Escocia, como sucesor legítimo de Arturo, cuya corona ceñía. La mítica conquista de las Galias por el rey Arturo legitimó que su sucesor Eduardo III intentase conquistar Francia. Del mismo modo, la fundación de la orden de la Jarretera refleja la hermandad de los caballeros de la Tabla Redonda.

Por todo el territorio británico comenzaron a surgir falsas reliquias artúricas sobre la pauta marcada por Glastonbury. En el castillo de Dover se guardaba la calavera de Gawain; en el de Winchester, la mismísima Tabla Redonda, que todavía hoy podemos admirar. Es un grueso tablero circular de cinco metros y medio de diámetro que data del siglo XIII, aunque las pinturas que lo adornan son muy posteriores a esa fecha. En la orla aparecen los nombres de los caballeros del rey Arturo, señalando el asiento de cada uno de ellos.

Las ansias de legitimación de la monarquía Tudor provocaron la más descarada manipulación de los temas artúricos por los poetas cortesanos aduladores de la casa reinante. Este fenómeno culmina con Spenser, en cuya obra *The Faerie Queen* la dinastía Tudor aparece como un frondoso árbol nacido de la semilla artúrica. El legendario rey britón simboliza el bien y a Cristo. En este retablo maniqueo, el mal es simbolizado por España, enemiga de Inglaterra.

La manipulación política del mito resultó ser un arma de dos filos, como ulteriores acontecimientos demostrarían. En tiempos de los Estuardo, los parlamentarios enfrentados a la corona desprestigiaron los mitos artúricos motejándolos de fantasías monárquicas. No obstante, a pesar del descrédito, la siempre remozada imagen de Arturo continuó inspirando a versificadores y novelistas, particularmente en el siglo XIX, con la vigorosa acumulación de apasionado romanticismo e imperialismo victoriano que cristaliza en la obra de Tennyson. Esta ininterrumpida tradición literaria inglesa continúa siendo explotada con éxito en nuestros días por novelistas y cineastas.

LOS LUGARES ARTÚRICOS: TINTAGEL

Desde el siglo XII se habla del nacimiento de Arturo en Tintagel. En este lugar, que comprende una pequeña península rodeada de acantilados y escarpaduras, se levantó un castillo hacia 1150. El estrecho istmo está limitado por un talud que en su origen estuvo defendido por una muralla y un foso. Sólo se podía acceder al castillo a través de un angosto sendero.

El análisis de los restos arqueológicos excavados en Tintagel permite señalar dos periodos de construcción: el primero en el siglo XII, poco después de 1141, y el segundo a mediados del XIII. Éste es el castillo que algunos escritores artúricos medievales describen. La fortaleza fue abandonada y se arruinó a mediados del siglo XVI. Desde finales del XIX el lugar ha concitado la curiosidad del público. El número de turistas que lo visitan está creciendo espectacularmente en las últimas décadas. Entre ellos abundan los ingleses interesados en temas artúricos, en lo que podríamos calificar de orgullosa afirmación nacionalista cuando Inglaterra vive sus vacas flacas y se ve obligada a abandonar su tradicional aislamiento.

De acuerdo con los arqueólogos, en Tintagel existió un monasterio céltico datable entre los siglos V y VI de nuestra era, es decir, en época artúrica. El sugerente y pintoresco lugar parece escenario a propósito para que los soñadores artúricos rindan emocionada visita.

Glastonbury

Si Tintagel comenzó a explotar el turismo artúrico a fines del siglo XIX, Glastonbury –o los monjes de su antigua abadía– había descubierto esta saneada fuente de ingresos ya en el siglo XIII. La abadía desapareció en el siglo XVI, pero los turistas continúan afluyendo en bulliciosas y coloristas manadas y se esparcen por las ruinas del monasterio que se enorgullecía de atesorar los restos de Arturo.

Como siempre, las fuentes que asocian al legendario rey con el lugar son imprecisas y tardías, no anteriores a 1150. Entonces comenzó a identificarse Glastonbury con la isla Avalon de la leyenda. En 1190 se descubrieron casualmente los pretendidos restos de Arturo y su esposa en el cementerio de la abadía con la sospechosa cruz de plomo que «certificaba» la autenticidad. En 1962 se excavó nuevamente el lugar y se encontró el agujero de aquella excavación.

Trasladados los restos de los reyes al interior de la iglesia, se sabe que fueron mostrados a Eduardo I en 1278 y que éste los hizo sepultar frente al altar mayor, aunque las calaveras se dejaron fuera para que pudieran ser contempladas por los devotos peregrinos. Durante la Reforma, la tumba fue violada y sus huesos dispersos. Restos de la fosa sepulcral frente al altar mayor fueron descubiertos en 1931. Los arturistas contemplan fascinados el rectángulo de hierba que lo señala, en las melancólicas ruinas del monasterio.

Desde 1908 los arqueólogos han excavado sistemáticamente las ruinas de Glastonbury y sus alrededores con diversa fortuna. Parece que allí pudo existir un santuario pagano en época celta y que esta sacralización del lugar favoreció el establecimiento posterior de un templo y una comunidad cristianos. El Camelot Research Committee admite la autenticidad de los restos de Arturo allí encontrados. Su razonamiento parte de la premisa de que en época artúrica existieron tanto Arturo como el monasterio celta de Glastonbury. La gente importante de la región era inhumada en monasterios, en las proximidades del mausoleo de algún santo. La tumba del rey se encontró cerca de dos monumentos dedicados a santos. A otros autores, cuya opinión compartimos, les parece que tal hipótesis es inadmisible y basada en pruebas insuficientes y dudosas.

CADBURY: LA CORTE DEL REY ARTURO

Muchos lugares de Inglaterra se han disputado el honor de haber sido la corte del rey Arturo: Caerleon, Cornualles y Winchester, entre otros. Pero desde el siglo pasado uno de los candidatos destacó sobre el resto: Cadbury Castle, en Somerset. ¿Es el castillo de Cadbury, cercano al pueblo de Camel, el Camelot del rey Arturo?

Cadbury Castle es una colina coronada por los restos de uno de los numerosos fuertes prerromanos que existen en Inglaterra. En Cadbury existen ruinas de cuatro sucesivos perímetros defensivos. Parece que su posible identificación con Camelot data tan sólo de 1542. Una leyenda sostiene que en la noche de San Juan o en la de Navidad se percibe un rumor de caballos que descienden de la colina: son Arturo y sus caballeros que van a abrevar sus cabalgaduras en una fuente vecina.

En 1956 se creó la Honorable Sociedad de Caballeros de la Tabla Redonda, cuyo objetivo primordial consistía en la excavación del castillo de Cadbury. Los arqueólogos han descubierto en Cadbury varios niveles de ocupación. Sobre un asentamiento neolítico se estableció una comunidad celta que perduró varios siglos, entre el año 600 antes de nuestra era y la ocupación romana. Sus habitantes conocieron un periodo de cierto esplendor que acabó bruscamente, quizá con la cruenta irrupción de los romanos. Pero estos hallazgos no importaban mucho a los entusiastas excavadores del Camelot Research Committee. Lo que ellos estaban buscando, y tenían necesidad de encontrar, eran pruebas de ocupación en tiempos artúricos. De otro modo iban a defraudar a una muchedumbre de exaltados y románticos adoradores del rey Arturo, parte de los cuales financiaban con sus donativos las excavaciones.

La conclusión fue que entre el 400 y el 1000 de nuestra era el lugar había sido fortificado primero por los celtas y luego por los invasores anglosajones que conquistaron la región en el siglo VII. Una impresionante muralla construida hacia el 500 había estado formada por una estructura de madera, piedra y relleno interior de escombro, idéntica a las que usaban los celtas en época prerromana. Pero la fortificación hallada en Cadbury tenía que ser posromana, es decir, artúrica, por una razón: en estratos inferiores y en el mismo relleno de la muralla se encontraban restos romanos. Si hubiésemos de oficiar de abogados del diablo en este turbio asunto quizá nos atreveríamos a apuntar que en una excavación imparcial se podrían haber valorado las posibles explicaciones arqueológicas que justifican el insólito hallazgo de testimonios de una época en niveles correspondientes a otra anterior. Pero esto quizá nos llevaría demasiado lejos. Para el Camelot Research Committee la cosa estaba clara: Cadbury fue la residencia fortificada de un gran caudillo. Era lógico suponer que ese gran caudillo fuese el previsible Arturo.

Aceptemos que los miembros del Committee han observado estricta y británica imparcialidad en la interpretación de los hallazgos de Cadbury y que no se han dejado influir por la apremiante necesidad de encontrar restos artúricos so pena de defraudar las esperanzas de sus mecenas. Aun así nos parece que la excavación no alcanza a demostrar la existencia histórica del rey Arturo. En vano intentan rescatar esta figura de sus perfiles literarios para situarla en un entorno histórico concreto.

Un elevado porcentaje de lo que consideramos rey Arturo y su reino es un producto puro y simple de la imaginación acumulativa y convincente de muchas generaciones de literatos, conocidos o anónimos, que se inspiraron en la mitología artúrica. Ciertamente la fórmula del éxito de lo artúrico sería difícil de explicar sin aludir al ingrediente histórico que indudablemente contiene, pero, en cualquier caso, éste parece cuantitativamente insignificante y está tan diluido en lo literario que difícilmente podremos depurarlo y precisarlo. Lo que, si bien se piensa, no deja de ser una suerte en esta y en otras mitologías. Seguramente favorece tanto al Arturo histórico, suponiendo que existiera, como al inventado por el Ciclo Bretón.

3. EL SANTO GRIAL

A fines del siglo XII se divulgó la leyenda de la existencia de la reliquia más preciosa: el sagrado cáliz con el que Cristo instituyó la misa en el transcurso de la Última Cena. En este mismo cáliz uno de sus discípulos, José de Arimatea, había recogido su sangre en el Gólgota. Cuando el cuerpo de Cristo desapareció de su sepulcro, José de Arimatea fue acusado de robar el cadáver para fingir la profetizada resurrección. Estando el buen hombre en la cárcel, Cristo se le apareció y le entregó el milagroso cáliz. Poco tiempo después, san Felipe –prosigue la leyenda– envió a trece de sus discípulos a Inglaterra. Uno de estos misioneros era José de Arimatea, que llevaba consigo el cáliz de la Pasión, es decir, el Grial. José se estableció, junto con su familia, en Glastonbury o Avalon y allí fundó la primera iglesia consagrada a la Virgen. En esta iglesia quedó depositado el Grial para el servicio de la misa. Cuando José falleció, su cuñado Bron le sucedió en la jefatura de la comunidad. A este Bron le llamaban *el Rico Pescador* porque con ayuda del Grial había repetido el milagro de Cristo de dar de comer a una muchedumbre con sólo unos pececillos.

Según otras versiones, el Grial quedó depositado en un castillo situado en la cima del monte Muntsalvach o Monte de la Salvación. Un buen día, el guardián del Grial o *Rey Pescador* recibió una herida en el muslo. La herida era, al parecer, incurable y además de los sufrimientos del resignado *Rey* provocaba la esterilidad del reino pues la tierra no volvería a dar cosecha alguna hasta que la herida cicatrizara. La lanza que había herido al *Rey Pescador* era la misma que el soldado Longinos utilizó para abrir el costado de Cristo. En el templo o castillo del Grial se custodiaban, además del santo cáliz, la lanza y una bandeja igualmente sagrada.

Uno de los temas recurrentes en las historias de los caballeros de la Tabla Redonda es la búsqueda del Grial. El milagroso cáliz se había presentado ante la asamblea de los caballeros del rey Arturo cubierto por un velo, de modo que ningún caballero pudo contemplarlo directamente. Cuando la aparición se desvaneció, todos quedaron tan prendados de aquella experiencia que prometieron consagrarse a la búsqueda del precioso talismán. Esta resolución entristeció a Arturo, que preveía la disolución de la hermandad de la Tabla Redonda si todos sus componentes se dispersaban en busca del Grial.

En distintos poemas se narran las aventuras de Lanzarote, Gawain, Bors, Perceval y Galahad en su búsqueda del Grial. El éxito final quedaba reservado, por la gracia divina, a sólo tres de ellos: a Galahad, porque preservó su pureza; a Perceval, porque mantuvo su inocencia; y a Bors, porque nunca dejó de ser humilde. En realidad Galahad viene a confundirse con la figura de Lanzarote y la sustituye a partir del siglo XIII. Los otros caballeros fracasaron a causa de sus pecados: Lanzarote, porque cometió adulterio con la reina; por lo tanto, sólo alcanzó a ver el Grial en sueños; sir Gawain porque siguió un camino equivocado al no percatarse del aspecto místico de la empresa.

El Grial, heredero de muchas tradiciones religiosas precristianas, sufrió una intensa reelaboración en manos de los poetas, principalmente de Chrétien de Troyes, a fines del siglo XII, y de Wolfram von Eschenbach y los autores de la *Queste del Saint Graal*, a principios del siglo XIII. Enriquecido en su significado esencial, acabó simbolizando la unión mística con Dios.

A nivel filosófico, el Grial representa la armonización de la dualidad esencial, lo masculino frente a lo femenino, o *anima* y *animus* cristianizados, que se identifican con la Virgen madre, portadora del Grial, y el propio Jesucristo, rey del Grial. Otra interesante teoría establece una dicotomía entre la Iglesia pública, representada por Pedro y el papado, y la Iglesia secreta, representada por José de Arimatea y los que después de él llevaron el título de *Rey Pescador*. Esta Iglesia secreta representaría el legado espiritual de Jesucristo, la gnosis cristiana, y el Grial simbolizaría dentro de ella el conocimiento y la plena unión con la divinidad a la que los iniciados aspiran. Esta teoría es pródiga en ramificaciones y genera sus propios mitos.

Se ha especulado sobre la existencia de una Iglesia secreta, y sobre el legado iniciático que Cristo confió al apóstol Juan, transmitido luego a los custodios del Santo Sepulcro y a los templarios. Finalmente, ya en nuestros días, se especula sobre la posible identificación de María Magdalena con la mujer que porta el Grial. María Magdalena habría sido la esposa terrenal de Cristo (sabido es que los judíos ortodoxos, y Cristo fue uno de ellos, estaban obligados a casarse). Después de la muerte de Cristo, María Magdalena habría emigrado a Francia y habría transmitido la sangre de Cristo (*sang real*, es decir el Grial) a ciertas dinastías.

La leyenda del Grial inspiró al poeta Chrétien de Troyes (hacia 1215) su obra *Perceval*, que divulgó el tema y contribuyó a fijarlo añadiéndole nuevos detalles de gran contenido simbólico según la moda de la época. Perceval, un joven e inexperto galés que es la inocencia personificada porque se ha criado apartado de todo contacto con el mundo, es nombrado caballero por el rey Arturo y marcha en busca de aventuras. Cerca de un río encuentra a un hombre tullido que está pescando. Poco después llega a un valle maravilloso en cuyo centro se alza un castillo. El joven, recibido en la fortaleza con todos los honores, descubre con sorpresa que el señor del lugar no es otro que el *Rey Pescador*, aquel tullido al que había encontrado horas antes. Llegada la hora de la cena, un misterioso cortejo desfila por el salón. «Las antorchas daban luz a la sala con tal resplandor que no podría hallarse en todo el mundo una estancia iluminada de modo semejante. **Mientras estaban charlando con placer, apareció un paje que salía del aposento contiguo. Sujetaba por la mitad del astil una lanza blanca y resplandeciente. (...) Una gota de sangre perlaba la punta del hierro de la lanza y se deslizaba hasta la mano del paje. (...) Aparecieron entonces otros dos pajes, robustos y bien parecidos, cada uno de los cuales portaba una lámpara de oro con incrustaciones: en cada lámpara brillaban no menos de diez cirios. Luego apareció un graal que llevaba entre sus manos una bella y gentil doncella, ricamente ataviada. La seguían dos criados. Cuando hubo entrado portando el graal, se extendió por la sala tan gran claridad que la luz de los cirios palideció como ocurre con la Luna y las estrellas cuando sale el Sol. Detrás de la doncella iba otra que portaba una bandeja de plata. El graal que iba delante era del oro más puro, adornado con una variedad de ricas piedras preciosas como no se encontrarán otras en la tierra o en el mar: ninguna gema podía compararse con el graal.»**

El extraño cortejo desfila tres veces ante los asombrados ojos de Perceval, pero el muchacho reprime su curiosidad recordando que su tutor le aconsejó abstenerse de formular preguntas indiscretas. Por lo tanto no se atreve a preguntar a quién sirve el Grial, fórmula que hubiese desvelado el misterio y restituido la salud del *Rey Pescador* y la prosperidad de su reino. El joven Perceval se acuesta con esta duda y cuando despierta, a la mañana siguiente, encuentra el castillo deshabitado. Después de esto, tanto Perceval como otros caballeros de la corte del rey Arturo emprenderán, en diversos autores, la búsqueda del Grial.

Origen de la leyenda

La leyenda del Grial compendia un conjunto de mitos y creencias paganas heredadas de la antigüedad. El Grial o cáliz de Cristo adopta en las versiones paganas más antiguas muy diversas formas: bandeja, piedra, copa, caldero, mesa o piedra preciosa. Es posible que la primera representación griálica fuera el círculo que los primitivos adoraban como representación de la bóveda celeste interpretada como un cuenco invertido. Un sentido similar pueden tener los círculos pintados o esculpidos que aparecen en algunos monumentos prehistóricos, así como las esferas de piedra y las estelas redondeadas que suelen asociarse a las culturas megalíticas. Muchas de ellas han recibido adoración en tiempos cristianos, vestigio de remotos cultos matriarcales.

El vaso o recipiente viene a ser, a nivel simbólico, asimilable a la matriz de la creación, a aquello que contiene y preserva. Como tal se transmite en multitud de ritos y mitos antiguos en forma de cuenco. Entre los celtas es un caldero en el que se renace o que inagotablemente dispensa alimentos a los guerreros como el cuerno de la abundancia de otras mitologías (sueño muy acariciado por los famélicos pueblos célticos); los griegos adoraban una piedra de Saturno en el sagrado monte Helicón; los musulmanes adoran otra en la Kaaba de la Meca; en los cultos de Dionisos se bebía de un vaso sagrado; algo parecido era el Kernos de los misterios de Eleusis; según otros es una esmeralda de extraordinarias proporciones, procedente del cielo, quizá la que adornaba la frente de Lucifer antes de su caída (Lucifer significa «que lleva la luz»). Esta piedra podría ser el tercer ojo que en la tradición oriental es el que concentra la sabiduría, el conocimiento iniciático y la perfección. En cualquier caso, el Grial significa la unión con lo divino, el conocimiento, la ascensión a una esfera superior de conocimiento en que se comprende directamente a Dios y su creación y el hombre alcanza su máxima perfección y plenitud espiritual.

Se ha especulado mucho sobre el sentido de los mitos griálicos cristianos. Para algunos son el reflejo tardío de un antiguo ritual pagano de culto a la fecundidad. El *Rey Pescador* sería una especie de Adonis cuya herida acarrea la esterilidad de la tierra. El Grial, y la lanza que lo precede, serían símbolos sexuales igualmente relacionados con el culto a la fecundidad. La pregunta que el inocente caballero no se atreve a pronunciar sería la fórmula mágica requerida por esa iniciación. Es una explicación ingeniosa aunque difícil de aceptar en todos sus extremos. Lo más probable es que no exista una intención clara y consciente detrás de las leyendas del Grial. Se formaron a partir de un brumoso entramado de tradiciones y mitos irlandeses y galeses y recibieron indudables influencias orientales cuyos caminos son difíciles de precisar.

Los mitos del Grial no parecen haber muerto en nuestros días. Antes bien, gozan de excelente salud y cada vez son más las obras que pretenden divulgarlos y explicarlos. Ciertos autores sostienen que la exaltación del sagrado cáliz en algunas óperas de Wagner y la admiración por la obra de este contundente músico profesada por parte de jerarcas nacional-socialistas produjo en la Alemania hitleriana el rebrote de una remozada mitología del Grial, considerado ahora como el libro sagrado depositario de la tradición aria.

ESPAÑA, TIERRA DE GRIALES

La leyenda del Grial cristiano se divulgó en el siglo XIII por todo Occidente. Inmediatamente surgieron iglesias y santuarios que pretendían poseer la preciada reliquia. Pero la singularidad del cáliz de la Santa Cena planteaba problemas de autenticidad. Que varios santuarios se jactaran de poseer una muela de santa Oria (en España se contaron más de trescientas, algunas de ellas de asno) o de un frasco de leche de la Virgen no planteaba rivalidades, puesto que santa Oria debió de estar dotada de treinta y seis piezas dentarias y la Virgen pudo distribuir en varias redomas el preciado líquido ordeñado de su seno, pero que varios santuarios se disputaran la posesión del único cáliz de la Santa Cena daba pábulo a muy fundadas sospechas, ponía en entredicho la legitimidad de todos ellos y los desautorizaba por igual. Los asesores de imagen de estos presuntos griales lo entendieron así y cada cual por su lado se aplicó a fabricar la historia que demostrase la autenticidad del suyo. De este modo dieron a la estampa tratados abrumadoramente eruditos para disipar las posibles dudas del crédulo devoto.

El más famoso Grial peninsular es el de la catedral de Valencia. Al parecer fue el papa Sixto II, en el siglo III, el que confió este cáliz de la Santa Cena a su diácono Lorenzo, que a su vez lo envió a su Huesca natal. Cuando los musulmanes invadieron España, el obispo Auduberto ocultó la preciada reliquia en el monasterio de San Juan de la Peña. Está probado que en 1134 los monjes poseían, en efecto, un cáliz de piedra. Este cáliz pasó en 1399 a Martín el Humano, que lo depositó en la Aljafería de Zaragoza y durante el reinado de Alfonso el Magnánimo fue a parar a la catedral de Valencia.

El Grial italiano se conserva en la catedral de Génova, *el sacro catino*, traído de Tierra Santa por los cruzados.

El Grial británico, a falta de títulos históricos, los tiene arqueológicos: es una bandeja de cristal de piedra hallada en Glastonbury.

Según los poemas griálicos, la montaña donde estaba enclavado el santuario que atesoraba la prodigiosa copa se llamaba Muntsalvach o Monte de la Salvación. Se ha especulado mucho sobre la localización de este topónimo, particularmente después de su divulgación por la ópera de Wagner *Lohengrin*. Últimamente goza de cierta fortuna su identificación con el santuario de Montserrat, pero otros hablan de San Juan de la Peña, del Mont-Saint-Michel de Francia e incluso de Montségur, el último bastión de los cátaros.

Lo cierto es que la montaña maravillosa que albergaba el Grial era de acceso difícil y lleno de obstáculos. La crítica moderna cree descubrir el origen de este castillo del Grial en un monumento que construyó el rey persa Cosroes hacia el año 600. Había en la tradición iraní una montaña sagrada en la que se decía que había nacido Zaratustra, el profeta del mazdeísmo. Cosroes edificó en esta montaña un espléndido castillo-santuario de planta circular al que llamó Trono de los Arcos (Takt-i-Taq-dis). En este santuario se veneraba el Fuego Sagrado de la religión irania y se celebraban diversas ceremonias que tenían por objeto estimular la fecundidad de la tierra al principio de la primavera.

Cuando Cosroes conquistó Jerusalén, en 614, se apoderó de diversos objetos sagrados, entre ellos la pretendida Cruz de Cristo. Antiguamente se pensaba que los objetos sagrados emanan una energía mágica que se transmite a su poseedor y al lugar donde se depositan. Fiel a esta creencia, Cosroes agregó los santos objetos conquistados a las reliquias atesoradas en el Trono de los Arcos. Pero en 629 el emperador de Bizancio, Heraclio, invadió Persia, destruyó el Trono de los Arcos y llevó la Santa Cruz a Constantinopla.

Cabe dentro de lo posible que la minuciosa descripción que el poeta Albrecht hace, a principios del siglo XIII, del castillo del Grial, en todo coincidente con el testimonio arqueológico que aportan las ruinas del Trono de los Arcos, proceda de alguna crónica bizantina hoy perdida que describiera aquel santuario. En cualquier caso, la descripción cristiana del siglo XIII de un monumento pagano situado en los confines del mundo y destruido en el VII es la que ha venido a inspirar el santuario del Grial. El castillo del Grial resulta ser, pues, el histórico santuario de la religión mazdeísta, remota inspiradora de las herejías dualistas medievales. Y, sorprendentemente, el tema del cáliz sagrado tiene una vertiente cátara que ha suscitado prolijas lucubraciones entre los especialistas. Los cruzados que extirparon la herejía cátara del Languedoc, y con ella toda una forma de cultura meridional diametralmente opuesta al régimen feudal, estaban persuadidos de la existencia de un tesoro cátaro al que pertenecería el santo Grial. Según la leyenda, el Grial era custodiado en la fortaleza de Montségur. Cuatro días antes de su caída fue evacuado por un grupo de fieles cátaros. De este Grial no volvió a saberse.

4. LOS CÁTAROS

Hacia 1150, unos extraños misioneros barbudos aparecieron por los caminos del Languedoc, en el Sur de Francia. Solían viajar en parejas, vestían de negro o de azul marino, con ceñidor de cuerda. Predicaban a los humildes en plazas y mercados, en aldeas y ciudades, pero no evitaban las mansiones de algunos nobles o de ricos mercaderes cuando éstos les ofrecían la ocasión de adoctrinar a sus familias y criados. Sus enseñanzas resultaban sorprendentes. Difundían un mensaje de amor, de tolerancia y de libertad y se confesaban cristianos pero, por otra parte, rechazaban a la Iglesia de Roma. Aseguraban que Cristo no se encarnó realmente cuando habitó entre los hombres, puesto que, siendo la materia creación satánica, el Hijo de Dios nunca pudo encarnarse. Aquel Cristo que vieron los apóstoles, y también los romanos que lo crucificaron, no era sino una engañosa apariencia angelical. En realidad, Cristo nunca fue crucificado ni sepultado.

Aquellos misioneros llevaban la paz espiritual a muchos mercaderes asegurándoles que prestar dinero a interés no era pecado mortal, aunque el clero católico asegurara lo contrario.

Enseñaban también que el mundo material, corrupto y perecedero, no puede proceder de un Dios eterno e incorruptible. En consecuencia, no habrá resurrección de la carne al final de los tiempos, aunque sí juicio final. Estas propuestas despertaban muchos interrogantes: ¿De dónde proceden, entonces, el error, la enfermedad, la miseria y la maldad que agobian a la humanidad? Los misioneros señalaban un único origen: todas estas lacras sólo pueden ser imputadas a un Dios perverso. Todo lo que tiene existencia material procede de este Dios y, por lo tanto, es sede del pecado. Según esto, el mundo es una pugna de dos principios: el bien y el mal. El problema estriba en saber si estos dos principios son iguales o si uno es más poderoso que el otro.

Los misioneros de la nueva religión predicaban también con el ejemplo, en vivo contraste con el disoluto y corrupto clero católico. Los predicadores eran austeros y laboriosos y observaban una conducta cristiana intachable, lo que les valió el apelativo de «buenos hombres». Eran castos y honrados y se abstenían de comer los productos de la carne, incluidos la leche y los huevos.

Los seguidores de esta religión dualista recibieron diversas denominaciones: albigenses, por la ciudad de Albi; «tejedores», porque muchos de ellos ejercían este oficio (quizá por imitar a san Pablo, que fue fabricante de tiendas de campaña) y cátaros. No está muy clara la etimología de esta última palabra. Podría proceder del griego con el significado de «puro», pero también del latín *catus* que significa «gato», pues sus adversarios católicos divulgaron la especie de que adoraban al Dios del mal en la figura de un gato cuyo trasero besaban en el transcurso de sus sacrílegas ceremonias. Ellos se hacían llamar cristianos y denominaban a su iglesia «la de los Amigos de Dios».

Cualquier predicador en desacuerdo con las doctrinas oficiales de la Iglesia romana encontraba un terreno abonado en el Sur de Francia. Un sentimiento anticlerical había penetrado todas las capas sociales. Muchos sacerdotes llevaban una vida poco edificante y descuidaban sus obligaciones pastorales. Por otra parte, abrumaban al pueblo con sus continuas exigencias de diezmos e impuestos eclesiásticos. Los cátaros, por el contrario, daban vivo testimonio de modestia y caridad cristianas y además expresaban claramente su postura contraria a los diezmos: «No fue Cristo quien los estableció.»

La doctrina cátara resultaba, además, mucho más atractiva que la católica. La Iglesia romana amenazaba continuamente con las penas del infierno como castigo por las más insignificantes faltas; la cátara, por el contrario, se mostraba optimista y sorprendentemente tolerante con las debilidades humanas. Algunos grupos cátaros incluso llegaron a pensar que Dios no condena a los pecadores puesto que, en último término, la justicia no es más que una venganza y Dios, infinitamente bueno, no puede albergar un sentimiento tan negativo. Por otra parte, Dios, en su trascendencia, no puede incurrir en la mezquindad de tasar los pecados de sus criaturas. Él sabe que el hombre no peca voluntariamente sino inducido por el Diablo que habita en la materia.

Los cátaros rechazaban, por consiguiente, la existencia de un infierno donde las almas pecadoras sufren eterno castigo, entre llamas y suplicios, al modo en que lo imaginaban los predicadores católicos. Para ellos, el infierno está en la tierra, donde el Diablo tienta y esclaviza a los hombres hasta que éstos, pasadas sucesivas reencarnaciones, se purifican del mal. En su última reencarnación, el creyente alcanza el estado de perfección necesario para acercarse al Dios bueno, liberándose para siempre de las trabas de la materia y del mal. Algunos sostenían que la mujer se hacía hombre para la última reencarnación, pero otros creían que era indiferente que el perfecto fuese hombre o mujer, puesto que el alma no tiene sexo. En cualquier caso, el final es feliz. Todas las almas se salvan y el dios del Mal es derrotado por el dios del Bien.

Los cátaros nunca simpatizaron con el Antiguo Testamento ni con la poética explicación del principio del mundo que ofrece el *Génesis*. Para ellos, al comienzo de los tiempos existieron dos divinidades: un Dios bueno, creador del universo y del amor, y un Dios malo, responsable del mal. Estas dos creaciones contradictorias coexisten en el hombre. Por lo tanto, el hombre, a través de sus sucesivas reencarnaciones, debe irse liberando de la parte mala para favorecer el predominio de la buena.

El cuerpo doctrinal de los cátaros distaba de ser uniforme. Entre ellos coexistían diversas tendencias, si bien aceptaban una mitología común para explicar el drama cósmico de la lucha entre el Bien y el Mal. Satán penetró en el cielo y sedujo a los ángeles dotándolos de apariencia material. De estos ángeles, unos fueron capturados y otros seducidos. Los que fueron seducidos se transformaron en demonios. El hombre desciende de los que fueron capturados. Cuando una nueva criatura es engendrada, el Diablo introduce en ella una de estas almas prisioneras.

Entre los cátaros existían los simples creyentes y los perfectos, equiparables al pueblo y a los sacerdotes de la jerarquía cristiana. Un creyente se convertía en perfecto mediante una ceremonia de consagración llamada *consolamentum*, que constituía el único sacramento de la Iglesia cátara.

El catarismo se mostraba extraordinariamente indulgente con los pecados del creyente. Puesto que estamos hechos de deleznable materia, no podemos evitar ser presa de las tentaciones que el Maligno inspira en su obra. El simple creyente debía hacer lo posible por llevar una vida reglada y por favorecer al prójimo, no estaba obligado a más. Pero si quería convertirse en perfecto debía alcanzar el estado de gracia cercano a la perfección. Ello implicaba observar una moral mucho más estricta, abstenerse de los placeres de la carne y vivir ascéticamente. No es que los pecados fueran distintos para creyentes y perfectos, es que el pecado, gravísimo en el perfecto, se toleraba en el simple creyente, todavía esclavo de sus pasiones. A este propósito citaban las palabras de Jesucristo: «Antes de mi venida os eran perdonados vuestros pecados: después, nada os será perdonado.» Por lo tanto el simple creyente contaba con la indulgencia de Dios, pero si se decidía a abrazar el estado puro tenía que someterse a la rigurosa moral de los perfectos.

El catarismo no era, en puridad, una doctrina original. Por otra parte, en los tres siglos largos de su implantación y desarrollo, conoció diversas tendencias. Buena parte de nuestra información sobre los cátaros procede de fuentes sospechosas, la Inquisición y la jerarquía católica, pero aun así resulta posible reconstruir su corpus doctrinal a través de varios documentos, principalmente del *Tratado cátaro*, anónimo del siglo XIII, y del *Libro de los dos principios*, atribuido al filósofo aristotélico Juan de Lugio.

En realidad, el catarismo venía a ser una versión medieval del antiguo maniqueísmo persa, derivado a su vez del zoroastrismo. Manes, en el siglo III, había predicado la metempsicosis, es decir, la transmigración de las almas de cuerpo en cuerpo, ligándose cada vez menos a la materia, hasta alcanzar la perfección. El maniqueísmo se extendió por todo el orbe mediterráneo. Fue perseguido igualmente por la Roma imperial, por la papal y por árabes y mongoles. A causa de sus vinculaciones con las sectas gnósticas judías y cristianas, su contenido inicial se enriqueció con aportaciones esotéricas y derivó hacia una religión iniciática. En el siglo XI se extendió entre los búlgaros y dálmatas bajo el nombre de bogomilismo. Los cátaros, que aparecen en el Sur de Francia y en Italia a partir del siglo XII, mantenían contactos misionales con los bogomilos. También es cierto que, en sus orígenes remotos, la doctrina pudo beber de otras fuentes. Desde el mundo antiguo se observa la pervivencia ininterrumpida de una serie de grupos próximos al maniqueísmo, principalmente los fundaítas, los bugres, los babunis y los kudugeros. La existencia de estas sectas discurrió paralelamente a la de la Iglesia cristiana oficial, aunque a veces, en sus primeros tiempos, la influyeron o se dejaron influir por ella. Esto explica que en textos cristianos se puedan hallar doctrinas de fondo dualista (en el evangelio de san Juan, en ciertos pasajes del Antiguo Testamento y en san Pablo). También existieron discípulos de Manes, entre ellos los cátaros de Gragoivitsa, persuadidos de que su Iglesia había sido fundada por el propio Manes.

En 1167 el obispo bogomilo Nicetas, *papa* cátaro de Constantinopla, convocó un concilio en San Félix de Caramán, cerca de Tolosa. El objeto del cónclave fue organizar la Iglesia cátara occidental dotándola de cuerpo doctrinal uniforme y jerarquía similar a la católica. Esta iglesia se dividía en once obispados: cinco en Francia y seis en Italia. Durante las jornadas del concilio, Nicetas confirió el *consolamentum* a una serie de creyentes, entre ellos Sicard Cellerier, recién consagrado obispo de Albi.

EL *CONSOLAMENTUM*

El sacramento cátaro por excelencia fue el *consolamentum*, mezcla de bautismo espiritual y unción sacerdotal reservada al creyente que había alcanzado el estado de gracia necesario para convertirse en perfecto. El *consolamentum* implicaba la transmisión del padrenuestro, oración que el nuevo perfecto debía conocer con anterioridad. La ceremonia era sencilla y emotiva. El aspirante comparecía en la iglesia vestido de negro y en estado de abstinencia para recibir la bendición del perfecto más anciano de la asamblea. Luego el diácono u obispo pronunciaba un sermón en el que glosaba el padrenuestro: «Os entregamos esta oración –decía finalmente– para que la recibáis de Dios y de Nos y de la Iglesia y podáis decirla en todos los momentos de vuestra vida.» A lo que el ordenado contestaba: «La recibo de Dios y de Vos y de la Iglesia.»

Nuevamente recibía la bendición y se le imponían las manos para transmitirle el Espíritu Santo. Ordenado, recitaba el padrenuestro. A continuación se confesaba y recibía solemnemente el evangelio de Juan mientras la comunidad eclesial oraba por él. Cada mes los perfectos se confesaban ante su obispo o diácono. Por lo demás, actuaban aproximadamente como los sacerdotes católicos, aunque observaban vida edificante, lejos de la corrupción del clero romano de aquella época.

En tiempos de guerra se instituyó la *convenenza* o pacto entre el creyente y la Iglesia en virtud del cual podría recibir el *consolamentum* en el lecho de muerte aunque no estuviese en condiciones de recitar el padrenuestro a causa de las heridas recibidas. Se solía ofrecer el *consolamentum* a los moribundos para asegurarles el perdón de los pecados, aunque no necesariamente la salvación. Pero si el moribundo lograba sobrevivir y sanaba, la ceremonia perdía todo su valor y el perfecto en cuestión volvía a considerarse un creyente como los demás. En este y en otros detalles se manifiesta el admirable pragmatismo de los cátaros.

El otro gran rito cátaro era el *melioramentum*. Consistía en la bendición que el creyente solicitaba del perfecto como portador del Espíritu Santo. El creyente se arrodillaba ante el perfecto y se inclinaba tres veces diciendo: «Bendecidnos, Señor, y rogad por nos.» «Dios te bendiga», pronunciaba el perfecto. A lo que el postrado respondía: «Que alcance un buen fin.» El otro replicaba: «Recemos para que te haga un buen cristiano y te conduzca a buen fin.»

El padrenuestro era, como hemos visto, una oración esencial dotada de gran contenido iniciático y, por lo tanto, estaba reservada a los perfectos. Los simples fieles tendrían otras jaculatorias más sencillas. En una ocasión uno de ellos inquirió:

–¿Qué oración puedo decir si no me está permitido el padrenuestro?

El perfecto le respondió:

–Di ésta: Que el Señor que condujo a los reyes Melchor, Gaspar y Baltasar cuando vinieron a adorarlo en Oriente te guíe como los guió a ellos.

CRUZADA CONTRA CRISTIANOS

El papa comenzó a preocuparse por la rápida extensión de la herejía y decidió suprimirla de grado o por fuerza. Primero envió predicadores a las regiones donde la herejía parecía más activa. Teólogos católicos y cátaros se enzarzaron en interminables disputas doctrinales. Los católicos aducían la teoría agustiniana del

Mal como *amissio boni* o privación del Bien, es decir, el Mal no tiene existencia en sí mismo, es la ausencia de Bien. Denunciaban también ciertos puntos débiles en la doctrina cátara. Si el mundo es intrínsecamente malo, es evidente que debemos cambiarlo, pero ¿cómo podemos cambiarlo si el diablo es todopoderoso? Por otra parte, si el infierno está en la tierra, ¿cómo explicar la bondad que también habita en ella? Participaron en la controversia primero san Bernardo, en 1145, y después santo Domingo de Guzmán. Un célebre cuadro de Frà Angélico retrata a santo Domingo en Fanjeaux, donde pretendidamente sometió a *juicio de Dios* a las doctrinas en pugna. Para ello arrojó al fuego dos libros, uno católico y otro cátaro. El católico se elevó milagrosamente en el aire a salvo de las llamas mientras que el cátaro ardía y se convertía en cenizas. Como propaganda religiosa resulta eficiente pero la verdad histórica es que las predicaciones de santo Domingo fracasaron estrepitosamente. «Donde no vale la predicación –dicen que murmuró el santo antes de darse por vencido– prevalecerá la estaca.» Proféticas palabras.

La estaca había sido usada anteriormente, pero no logró quebrantar el espíritu de la Iglesia cátara. Ya se habían quemado cátaros en Orleans, en 1002, y en Tours, en 1017.

En 1198, Inocencio III, un papa enérgico y emprendedor, ascendió al trono de san Pedro. El creciente número de apostasías de católicos en Languedoc era preocupante. No se trataba tan sólo que la Iglesia cátara se hiciese cada día más activa. También había que tener en cuenta que todos aquellos corderos que escapaban del redil de la Iglesia romana dejaban de satisfacer sus diezmos. En un principio, el papa recurrió a la diplomacia: envió a dos legados con plenos poderes para que comprometiesen a las autoridades en la represión de la herejía. Uno de los embajadores, el monje Pierre de Castelnau, fue asesinado cuando intentaba cruzar el Ródano después de entrevistarse infructuosamente con Raimundo VI, conde de Tolosa. El conde de Tolosa fue acusado de armar la mano asesina. La muerte de su le-

Las verdaderas causas de las cruzadas fueron sociales, políticas y económicas. Rescatar Tierra Santa de los infieles y restablecer la seguridad en las rutas de peregrinación fue una excusa, y un pretexto el factor religioso. (En la miniatura, cruzados ante Jerusalén.)

La orden monástico-militar de los Templarios se hizo pronto muy popular y querida en toda la Cristiandad. Ello se debió a la ejemplar vida que llevaban sus miembros y a su carácter laborioso y austero. Y también, presumiblemente, a sus dotes guerreras y al bizarro aspecto que le prestaba su albo uniforme.

Controlar el poder, y los bienes, de la orden del Temple era difícil pero no imposible tarea para Felipe «el Hermoso» (izquierda), quien ya había sometido a su yugo a los barones gabachos, a la nobleza flamenca y al mismo Papa. De acuerdo con su calculador canciller Guillermo de Nogaret, el «rey de hierro galo» dio interesado crédito a las calumnias de antiguos templarios expulsados de la Orden y logró que Clemente V –«residenciado», por el Cisma, en Aviñón– la suprimiera el año 1312.

La leyenda de los templarios reaparecería, cuatro siglos más tarde, del brazo de la masonería y el ocultismo. Los falsificadores de la Historia continuarían explotando el mito a lo largo del siglo XIX, el presunto satanismo de la Orden plasmado en la obra de Joseph Hammer «Revelación del misterio de Baphomet» (simbolizado en el fotograma de la izquierda). En los umbrales del siglo XX, y la tercera generación de «templarios redivivos» la encabezaron el estafador Reuss y el «nefando» Crowley (a la derecha), quien introdujo prácticas de magia sexual en el ritual del grupo. Sus actuales discípulos parecen dispuestos a solicitar que el Vaticano los reconozca oficialmente.

Del rey Arturo y de sus caballeros de la Tabla Redonda (en el grabado) partió una caudalosa mitología que nutriría la fantasía de muchas generaciones medievales. Lejos de haberse extinguido, dicha mitología sobrevive y es capaz de inspirar creaciones tan distintas como las óperas de Wagner, la desenfadada narrativa de Mark Twain, los dibujos de Walt Disney y, en nuestros días, el eutrapélico «Camelot Research Committee» inglés.

En el año 1185 el cruzado Ricardo Corazón de León (izquierda) regaló a Tancredo de Sicilia una hermosa espada, la legendaria Excalibur –le dijo– aparecida en el sepulcro del rey Arturo, cabe la abadía de Glastonbury. Casi un siglo más tarde, Eduardo II visitaba dicha abadía y, tras contemplar los huesos del mítico rey y de su esposa Guennuera o Ginebra, ordenaba sepultarlos en el altar mayor de la nueva iglesia. La manipulación política de la leyenda artúrica continuaría: en pleno siglo XVI y con los Tudor, Artur simbolizaría el Bien o Cristo; el Mal o el Demonio, huelga decirlo, lo personificaba la España de Felipe II.

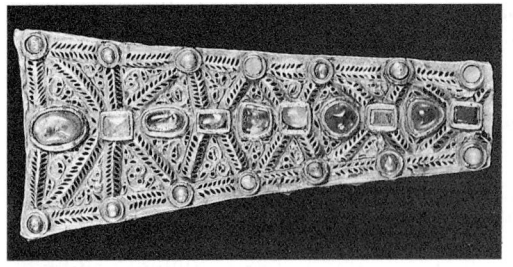

¿Qué se hizo de la famosa, y valiosa, Mesa de Salomón, tan loada por los historiadores árabes de la conquista peninsular? Unos aseguran que se extravió misteriosamente en el trayecto entre Toledo y el ignoto puerto andaluz en la que debía ser embarcada rumbo a Damasco. Otros, ya en pleno siglo XX, detectaron su «rastro» al socaire de dos hechos bien distintos: el hallazgo del tesoro visigótico de Guarrazar y el súbito enriquecimiento del párroco de Rennes-le-Château, Berenguer Saunière. (De izquierda a derecha, brazo de la cruz toledana de Guarrazar y pila bautismal de la citada parroquia, casualmente ubicada cerca de Toulouse.)

A Fernando IV (izquierda) se le denomina «el Emplazado» por culpa de una leyenda en su tiempo popular en España entera. En Martos, supuestamente, ocurrió el despeñamiento, por orden real, de los hermanos Pedro y Juan de Carvajal, acusados de asesinato. Tras reiterar que eran inocentes, los Carvajales emplazaron solemnemente al monarca para que, al cabo de treinta días, compareciese ante el tribunal de la justicia divina para rendir cuentas. Extrañamente, don Fernando murió al cabo de los treinta días fijados, dicen los especialistas que de una vulgar trombosis...

La derrota de las Navas de Tolosa (en el grabado, el tapiz de tal nombre), **aceleró la descomposición del imperio almohade. Era inevitable que aquel heterogéneo conglomerado de tribus, sin más elemento de unión que el fanatismo religioso, acabara por disgregarse en cuanto sus individuos se desentendieron del misticismo original para darse a formas de vida más regalada y suntuosa.**

En el 841 los vikingos remontaron los cursos fluviales del valle del Sena y saquearon e incendiaron Rouen. A los pocos años le tocó el turno a París (izquierda). **En nuestra península, la Crónica Albeldense registra puntualmente la llegada de las naves vikingas a tierras asturas. Sólo que esta vez los «lordomanii» o normandos encontraron la horma de su zapato en el rey Ramiro I, aquél cuya expeditiva justicia consistía en cegar a los ladrones y quemar a los que practicaban la magia.**

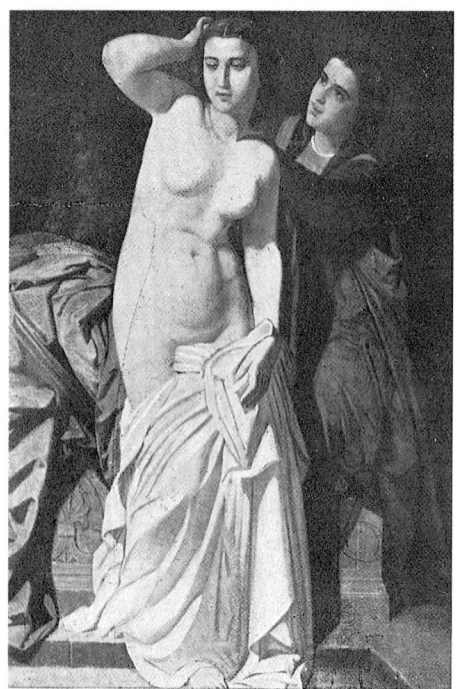

Cuentan las crónicas que en la corte del rey Rodrigo había una muchacha llamada Florinda, o la Cava –hija del conde don Julián, gobernador de Ceuta–, de singular belleza. Tuvo la hermosa Florinda la desgracia de que don Rodrigo se prendara de ella el aciago día en que la vio salir del baño ligera de ropa, o quizá en sus cueros...

...La contemplación de la bella inspiró ciega pasión al monarca y no había día en que, terco, no la requiriese de amores. Al no poder vencer su honesta resistencia con dádivas y promesas, el rijoso Rodrigo la violó. Padre e hija prepararon su venganza tan a fondo y en secreto que a don Julián y a Florinda se les tiene por «indirectos» y «traidores» culpables de la invasión musulmana que acabó con don Rodrigo. La leyenda se tiene hoy por pura fábula completamente ajena a los hechos históricos.

gado suministraba al papa un excelente pretexto para emprender una acción militar contra los cátaros. Las últimas líneas del documento pontificio que convocaba a la cruzada no dejaban lugar a dudas sobre el carácter y alcances de la calamidad que se avecinaba:

«*Que los obispos declaren eximidos de obligaciones feudales a los vasallos del conde de Tolosa. Que todo católico quede facultado de perseguir su persona y de arrebatarle y apropiarse de sus tierras y posesiones. De este modo se purgará la herejía del territorio que hasta hoy ha sido dañado y mancillado por la maldad del conde... ¡Adelante soldados de Cristo! ¡Esforzaos en pacificar esas poblaciones en nombre del Dios de paz y amor! ¡Aplicaos a destruir la herejía por todos los medios que Dios os inspire!*»

En junio de 1209 los cruzados se concentraron en Lyon. Eran quizá veinte mil jinetes y doble número de peones. Un ejército contra el que los barones y señores del Languedoc sólo podían oponer unos pocos cientos de caballeros.

Raimundo IV de Tolosa se espantó al ver lo que se le venía encima. Inmediatamente solicitó el perdón pontificio y juró acatar en lo sucesivo las órdenes del papa. Además, movió los hilos de la diplomacia para ver si conseguía desviar el ímpetu de la cruzada contra su sobrino, el vizconde de Carcasona, Raimon Roger Trencavel.

Tradicionalmente se ha presentado la cruzada contra los cátaros como un conflicto meramente religioso. La realidad es algo más compleja. Fue también una empresa de conquista para los barones del Norte de Francia y su rey. Los barones ambicionaban las riquezas del Sur; el rey estaba deseoso de extender su zona de influencia hasta los Pirineos y recelaba de las relaciones, cada vez más amistosas, del rey de Aragón con el Languedoc. Fue también una cruzada social, pues los fundamentos ideológicos del sistema feudal, establecido sobre la presunta superioridad de la aristocracia, iban siendo refutados por el creciente poderío de la burguesía ciudadana.

El grueso del ejército cruzado descendió por el Ródano, en cómodas jornadas, recibiendo continuamente nuevos efectivos de señores y hombres de armas que se le unían por la codicia del botín. En cuanto pisaron el Languedoc comenzaron a devastar la tierra. En estas operaciones militares destacó uno de los barones del Norte, Simón de Montfort, que muy pronto se convertiría en caudillo indiscutible de los cruzados. El 22 de julio acamparon frente a Béziers. Las autoridades de la ciudad se negaron en redondo a entregar a sus conciudadanos herejes: «Preferimos perecer ahogados en el mar antes que entregar a nuestros vecinos y renunciar a nuestras libertades.» Los cruzados sitiaron la ciudad y se prepararon para asaltarla. La víspera del día señalado, uno de los jefes militares fue a consultar al legado pontificio:

–Cuando entremos en la ciudad ¿cómo lo hacemos para distinguir a los buenos católicos de los herejes?

A lo que el legado del papa, después de breve reflexión, respondió:

–Matadlos a todos, que Dios reconocerá a los suyos.

Y así lo hicieron. Los feroces cruzados tomaron Béziers al asalto y la mayor parte de sus habitantes fue pasada a cuchillo. Se calcula que en un solo día perecieron unas siete u ocho mil personas. Otros elevan la cifra hasta veinte mil.

El primero de agosto, el grueso del ejército cruzado estaba ante Carcasona, la bella ciudad amurallada. Cuando el cerco se hubo establecido, el joven vizconde acudió al campamento de los papistas para negociar la libertad de sus súbditos. Quebrantando la inviolabilidad inherente a su condición de parlamentario, Simón de Montfort lo hizo apresar. El desventurado vizconde moriría en prisión al poco tiempo, según sus captores de muerte natural, aunque sus fieles vasallos proclamaron que había sido envenenado. En cualquier caso, Simón de Montfort, vencidas todas las resistencias, conquistó el vizcondado en dos años sin escatimar violencia. En Lavaur ahorcó al noble occitano Aimeric de Montréal e hizo arrojar a un pozo a la bella Guiraude. El conde de Tolosa, espantado de la suerte de los que resistían a los cruzados, se sometió a la autoridad papal y ofreció entregar su ciudad.

El rey de Aragón seguía con preocupada atención los progresos militares de los barones franceses en tierras del Languedoc. Aquellas tierras eran feudatarias de su reino. Le interesaba mantener y acrecentar su influencia sobre ellas. Por otra parte, estaba obligado a protegerlas. Como señor del vizcondado de Carcasona, la conquista de aquel territorio podía ser considerada como una directa agresión a sus estados. No obstante, procuró moverse cautelosamente. Al principio se contentó con la vía diplomática y presionó ante el papa para que sus derechos fueran respetados, pero después, viendo que no cabía más respuesta que la fuerza, reunió su ejército y pasó los Pirineos para reforzar a los languedocianos en una batalla campal contra los cruzados. Los dos ejércitos se enfrentaron en Muret. En un principio pareció que se alzaba con la victoria el rey de Aragón, experto militar que ya tenía en su haber una destacada intervención en la batalla de las Navas de Tolosa, librada el año anterior. Pero cuando ya la batalla parecía decidida a favor de los aragoneses, la muerte del rey alteró el resultado final y posiblemente el de la historia de Francia. Según la versión más aceptada de los hechos, algunos caballeros franceses se habían juramentado para acabar con el rey de Aragón, del que sólo conocían su elevada estatura. Por lo tanto se dirigieron contra un corpulento caballero que combatía en la vanguardia de la hueste real y dando con él en tierra lo alancearon.

–¡Pedro ha muerto! –exclamó uno de los franceses–. ¡Hemos matado al rey de Aragón!

Al escuchar los gritos que lo daban por muerto, el verdadero Pedro de Aragón, caballerosamente orgulloso, no pudo reprimirse y levantando un poco la visera del yelmo replicó:

–¡Os equivocáis, porque el rey de Aragón soy yo!

Entonces, los cruzados lo acometieron con renovados bríos y consiguieron acabar con él. En cuanto se divulgó la noticia, el bando languedociano flaqueó y la lucha se decidió en favor de los cruzados. Allí se esfumaba la última oportunidad de independencia del Languedoc y de supervivencia del catarismo. Quedaría, durante muchos años, la vaga esperanza de que las cosas volvieran un día a ser como antaño, alimentada por el mesianismo de un pueblo que daba crédito a sus propias invenciones. Se decía que algún día un rey del linaje de Aragón quebrantaría el poder de la odiada Iglesia e instalaría el pesebre de su caballo sobre el altar mayor del Vaticano.

El papa proclamó a Simón de Montfort conde de Tolosa, pero la guerra estaba lejos de acabar y el bando languedociano no se daba por vencido. La conquista prosiguió a un ritmo más lento, entre intermitentes periodos de paz. Simón de Montfort iba consolidando su posición como caudillo de las fuerzas ocupantes, pero su carrera se vio bruscamente interrumpida. El 25 de junio de 1218, durante el sitio de Tolosa, fue alcanzado de lleno por una catapulta que «le machacó los ojos, los sesos, las muelas, la frente y las mandíbulas».

Entre 1216 y 1224 los barones y ciudades del Sur reaccionaron con insólita firmeza. Aprovechando las debilidades del bando cruzado consiguieron recobrar gran parte del territorio perdido. Pero los franceses contraatacaron en 1226, nuevamente con el pretexto de la cruzada contra los cátaros, y derrotaron, ya definitivamente, a las fuerzas del Languedoc. En el Tratado de París, Francia se apropiaba del territorio. A partir de entonces la represión de los cátaros quedó en manos de la Inquisición.

Al aniquilamiento físico de los cátaros siguió la decadencia de sus doctrinas. Faltos del apoyo de sus más sabios rectores, quemados por la Inquisición, los creyentes fueron corrompiendo las doctrinas originales en un esfuerzo inconsciente por aproximarlas a las tesis de sus perseguidores. Otros perfectos, no tan cultos como sus predecesores, simplificaron sus predicaciones hasta reducirlas a un puñado de principios mal entendidos y mezclados con burdas supersticiones. No obstante, muchos creyentes seguían muriendo en la hoguera por defender que el mal no puede proceder de Dios y que el hombre no goza de libre albedrío, por lo que no pueden imputársele los pecados que comete.

Montségur

Durante muchos años, los fieles cátaros que huían de la Inquisición se refugiaron en algunas fortalezas de la región. Entre ellas se hizo especialmente famosa la de Montségur, en el departamento de Ariège, un pequeño castillo construido sobre la escarpada montaña de Tabo, a 1 272 metros de altura, en una posición aparentemente inexpugnable, rodeada de precipicios inaccesibles. Este castillo había sido reconstruido entre 1205 y 1211 por Raimundo de Blasco y otros prohombres cátaros. Desde entonces se convirtió en un centro espiritual cátaro y, en tiempos de guerra, en base militar de la que partieron acciones tan sonadas como la del comando que asesinó, en Avignonet, a los inquisidores de Tolosa en mayo de 1242. Ésta fue la gota que colmó el vaso de la paciencia de la jerarquía católica.

En marzo de 1243 el senescal de Carcasona, Huges de Arcis, recibió el encargo de acabar con «la cabeza del dragón». Una numerosa fuerza, cuyos efectivos se han cifrado, exageradamente, en diez mil combatientes, se concentró en torno a Montségur y estableció sus campamentos al pie de la escarpada montaña. El asedio prometía ser largo y difícil, dado que era prácticamente imposible tomar la fortaleza por asalto. Pero, por otra parte, rendirla por hambre tampoco se reveló fácil después de los primeros meses de asedio. Aprovechando que lo escarpado de la región dificultaba la vigilancia, los sitiados recibían continuos refuerzos de víveres y hombres. En tales circunstancias, los cruzados decidieron cambiar de táctica y atacar directamente el castillo. Con ayuda de un grupo de escaladores vascos, y a costa de grandes trabajos, consiguieron armar, en una pequeña meseta de la cumbre de la montaña, un trebuquete, máquina capaz de lanzar grandes piedras con razonable puntería. Así comenzaron a bombardear el interior de la fortaleza poblado de barracones donde la concentración humana era muy alta dado lo exiguo del recinto. Por otra parte, establecieron nuevos puestos de vigilancia y estrecharon el cerco hasta impedir que los sitiados recibieran refuerzos.

La rendición de la fortaleza era inevitable. Unos días antes de que se produjera, Pierre Roger de Mirepoix y un grupo de dignatarios cátaros abandonaron el lugar y se arriesgaron a atravesar las líneas enemigas para poner a salvo el tesoro cátaro, «una gran cantidad de monedas y piedras preciosas», según consta en los interrogatorios de la Inquisición. Se ha especulado mucho acerca de este tesoro. Para algunos se trataba de las reservas económicas de los cátaros, necesarias para prolongar la resistencia en otros lugares. Para otros, por el contrario, se trataba de un tesoro espiritual. Algún objeto sagrado que los cátaros valoraban por encima de todas las cosas, el santo Grial.

Los términos de la rendición fueron razonables. Los sitiados entregaban el castillo al rey de Francia y a cambio eran perdonados con leves penitencias. En cuanto a los herejes, también podían beneficiarse del indulto si abjuraban de su error en acto público. Cumplido el plazo de la rendición, el senescal del rey ocupó la fortaleza. Doscientos quince cátaros de uno y otro sexo que se negaron a abandonar su religión fueron quemados en el llano que se extiende al pie de la montaña. El lugar donde se levantó la gran pira se conoce desde entonces como Campo de los Quemados.

La caída de Montségur no significó la cancelación de la herejía cátara. Aún quedaron comunidades esparcidas por todo el país e incluso castillos y cuevas fortificadas donde se proseguía la lucha armada contra los invasores franceses. Pero los perfectos escaseaban. La persecución inquisitorial contra los herejes había acabado con muchos de ellos incluso en lugares alejados del Languedoc, como Florencia, donde algunos cátaros fueron quemados en 1244. Otros habían emigrado a Lombardía o a España, donde formaron pequeños grupos en Cataluña, en Andorra, en Navarra, en Castellbó y en Morella. Había pocos misioneros dispuestos a recorrer los caminos del Languedoc predicando en poblados y alquerías como antiguamente. Los que quedaban se mantenían a la defensiva, ocultos, temerosos de la Inquisición y de sus secuaces. El movimiento fue languideciendo hasta extinguirse, a fines de siglo.

La herejía que fascinó a los nazis

El castillo de Montségur, uno de los últimos bastiones de resistencia occitana, se ha convertido desde hace medio siglo en símbolo de la resistencia, de la pasión y de la muerte de los fieles cátaros. Hoy constituye «una de las hipótesis más queridas del pensamiento esotérico europeo». A Montségur peregrina cada año una muchedumbre de personas interesadas en temas esotéricos. Extrañas asociaciones religiosas, filosóficas, místicas e incluso paramilitares de toda Europa fletan autobuses el día del solsticio de primavera. En esta fecha puede asistirse al nacimiento del Sol. Sus primeros rayos penetran por una saetera y salen por la del lado opuesto atravesando el castillo. ¿Es simple casualidad o medió la arcana intención del constructor que la trazó desviada de su posición lógica que sería la estrictamente simétrica respecto al eje de la construcción? ¿Es el castillo un formulario secreto, inscrito en piedra, que transmite los misterios de sus constructores?

Peregrinos de un nuevo ideal, son muchos los que emprenden el penoso ascenso del antiguo sendero, hoy desempedrado y tortuoso, que sube al castillo. Cada año son más los turistas atraídos por la fascinación del lugar, por la trágica historia de los cátaros y por las teorías que se divulgan acerca de su significado como grimorio de una arquitectura iniciática. Según el estudioso F. Niel, Montségur fue reconstruido por los cátaros como templo solar o calendario y a ello se debe que las coordenadas de sus muros y saeteras se ordenen de modo tan peculiar, para que el edificio actúe como una especie de condensador de las energías telúricas que confluyen en aquella montaña, que ya era sagrada antes del cristianismo.

Todo el movimiento esotérico en torno a Montségur fue iniciado por un grupo de artistas, folkloristas e historiadores locales, los «Amigos de Montségur y del santo Grial», que funcionó entre 1934 y 1939. En estos años hubo también un joven investigador alemán, Otto Rahn, que se interesó por el tema de la cruzada antialbigense y recorrió la región en busca de asociaciones griálicas. En este mismo contexto, proclive a indagar en las supuestas raíces ocultistas del catarismo, hay que encuadrar ciertos intentos nazis por vincular sus teorías antisemitas con las de los cátaros, basándose en que ellos, aun titulándose cristianos, rechazaban el Antiguo Testamento. Los nazis, más dotados para la acción expeditiva que para la especulación filosófica, no se percataron de que este rechazo fue meramente doctrinal y que los cátaros nunca se mostraron enemigos de los judíos, sino todo lo contrario, puesto que convivieron pacíficamente con ellos. Porque el catarismo fue, en la sorprendente modernidad de muchos de sus planteamientos, absolutamente tolerante.

5. LA CAÍDA DE CONSTANTINOPLA

Durante mucho tiempo, la toma de Constantinopla por los turcos ha sido considerada el acontecimiento que marca el final de la Edad Media y el comienzo de la Moderna.
Se ha señalado que la llegada a los países occidentales, y particularmente a Italia, de muchos sabios y artistas bizantinos exiliados fue uno de los factores desencadenantes del Renacimiento. Quizá esta apreciación sea excesiva. En cualquier caso, la caída de Constantinopla provocó tal conmoción en la Cristiandad que puso en marcha muchos mecanismos cuyos resultados sólo se manifestarían tiempo después.
Durante siglos, Constantinopla fue una palabra mágica cuya sola mención encendía la imaginación de cualquier europeo culto. Aquella mítica ciudad constituía la noble cabeza de un imperio que en sus mejores días se extendió por todas las riberas del Mediterráneo oriental y por el Norte de África y Sur de España. Constantinopla se proclamaba orgullosa heredera tanto de Roma como de Persia. La ciudad estaba situada a la entrada del estrecho del Bósforo, controlando la vía de comunicación de Occidente y Oriente, en el lugar preciso donde se encuentran Europa y Asia. Su primera función fue servir de puente en las transacciones comerciales entre esos dos mundos. Durante más de un milenio, cualquier potencia mediterránea que mantuviera un comercio importante tenía necesariamente que establecer allí sus agentes comerciales, sus almacenes y sus factorías.

La ciudad misma poseía una situación privilegiada: asentada sobre una península triangular, por un lado la bañaba el mar de Mármara; por el otro, el brazo de agua del Cuerno de Oro. Del lado terrestre el ancho istmo estaba defendido por una triple muralla. Al otro lado del Cuerno de Oro se había extendido el arrabal de Pera.

El origen de Bizancio se remonta a unos setecientos años antes de Cristo. La floreciente colonia griega original creció y prosperó tan rápidamente que, en el año 330, Constantino el Grande transfirió a ella la capitalidad del imperio, y le impuso su nombre. Para conferir a la ciudad el prestigio y monumentalidad que su nuevo rango reclamaban, Constantino y sus sucesores expoliaron sistemáticamente las riquezas artísticas de las antiguas ciudades del imperio, incluyendo Atenas, Alejandría y la propia Roma.

El magno tapiz del imperio comenzó a deshilacharse por sus bordes. Los emperadores tuvieron que renunciar a sus más lejanas provincias, abrumados por los problemas defensivos que planteaban tan dilatadas fronteras. Con el tiempo, Bizancio quedó reducido a sus posesiones orientales. Pero con el pujante advenimiento del islam, ni aun aquéllas estuvieron seguras. Las tierras más fértiles del imperio, y los recursos económicos que incidían más directamente en su prosperidad, estaban en Anatolia (Asia Menor). La conquista de Anatolia por los turcos redujo extraordinariamente la capacidad económica y militar del imperio. Su definitiva ruina era ya solamente una cuestión de tiempo. El otrora glorioso Imperio Romano de Oriente, ya definitivamente venido a menos, quedó reducido al lustre marchito de aquella ciudad que fuera la primera del mundo.

Más de un millón de habitantes

La espléndida ciudad, que en sus mejores tiempos contó con más de un millón de habitantes, vio reducida su población a menos de cien mil. Muchos de sus barrios quedaron deshabitados y sus casas y palacios se arruinaron. Pera, el arrabal al otro lado del Cuerno de Oro, se transformó en una colonia genovesa. Los asombrados visitantes de la ciudad contemplaban los palacios abandonados, expoliados de sus pretéritas riquezas y mármoles, con la hierba creciendo en las fuentes. La melancólica decadencia de la urbe había contagiado a los bizantinos, que parecían haber envejecido como pueblo y, desistiendo de cualquier intento de recuperación, se habían dejado ganar por el desánimo.

Cuando Constantinopla cayó en manos de los turcos, su opulencia material se había apagado mucho tiempo atrás. Ya en 1347 hubo que engarzar vidrios de colores en las diademas de la coronación de Juan VI y su esposa la emperatriz porque las arcas del imperio no daban para gemas verdaderas. Varios emperadores se vieron impelidos a vender sagradas reliquias e incluso las planchas de plomo de los tejados del palacio imperial para hacer frente a los gastos del gobierno. El palacio imperial se arruinó rápidamente. El hipódromo, que en la época dorada del imperio fuera testigo del fanatismo popular en las competiciones entre Verdes y Azules, abandonado hacía tiempo, no era sino un erial donde jugaban los jovenzuelos.

A pesar de su postración y decadencia, el ficticio esplendor de la corte se resistía a desaparecer y la complicada etiqueta se mantenía, como la familia venida a menos que se aferra orgullosamente a sus antiguas costumbres. Sólo en lo cultural alentaba un cierto florecimiento: nunca hubo tantos ni tan ilustres sabios en Bizancio. Así ocurrió también en el Siglo de Oro español, cuando la decadencia moral y política del país era más acusada. Debe ser que los estados se despiden de la historia con ese canto de cisne.

El Imperio de Oriente se reducía ya a la capital y a un trozo de terreno circundante. Además, todavía obedecían al emperador algunas ciudades del Mármara y el mar Negro, y las colonias del Peloponeso y Tesalónica. Los tesalonicenses optaron finalmente por vender su ciudad a Venecia. Nadie confiaba ya en la capacidad del emperador para defender sus territorios de los turcos.

Aunque Constantinopla había dejado de ser lo que fue, por su posición estratégica en las rutas comerciales era presa codiciable de las ciudades y estados europeos que traficaban con productos mediterráneos y orientales. Los más interesados eran venecianos, genoveses y catalanes. Ya hemos mencionado el barrio de Pera, transformado en colonia genovesa. Los venecianos se habían instalado en otro barrio, cercano al puerto; los florentinos y catalanes poseían sus propias calles, a veces separados del resto de la ciudad por un muro, a usanza medieval. La enemistad y competencia entre venecianos y genoveses era proverbial. La pujante Génova amenazaba el tradicional monopolio de Venecia en el comercio oriental.

El silencio de Occidente

Hacia 1400, la situación de Constantinopla era tan desesperada que el emperador Manuel II se decidió a recorrer las capitales de la Cristiandad para implorar personalmente el auxilio de los reyes. Fue recibido con todos los honores que correspondían a su rango, pero aquellas muestras de solidaridad que por todas partes recibió no se tradujeron en ayuda material alguna. El sultán turco, puntualmente informado por sus espías del fracaso de las gestiones de su enemigo, se dispuso a actuar. Constantinopla parecía perdida. Sin embargo, una circunstancia fortuita vino a aliviar el nudo islámico en el gaznate del imperio: los mongoles de Timur Lenk (Tamerlán) derrotaron a los turcos e invadieron sus territorios del Este. Hubo que aplazar el asedio de Constantinopla.

Era sólo un breve respiro. Constantinopla precisaba la urgente ayuda de Occidente antes de que los turcos se repusieran del descalabro. Los notables de la ciudad propusieron olvidar las antiguas querellas dogmáticas que en el pasado habían separado a Bizancio de la Cristiandad occidental y acatar la autoridad del papa de Roma. El mayor obstáculo para el entendimiento entre las Iglesias Bizantina y Romana nos parece hoy fútil: la procesión del Espíritu Santo y la palabra *Filioque* del Credo de la Iglesia Romana.

El nuevo sultán turco, Mohamed II, sólo contaba veintidós años de edad. Era sensible y culto, inteligente y ambicioso. Deseaba inaugurar su reinado con la conquista de Constantinopla, y estaba dispuesto a conseguirlo a cualquier precio. Contemplada desde una perspectiva histórica, la conquista de la ciudad era inevitable. Después de los últimos avances turcos, la ciudad había quedado enclavada en el corazón del imperio turco. Esta situación comportaba ciertos riesgos para los turcos pues, aunque los bizantinos eran débiles, si otra potencia occidental se atrincheraba allí, el imperio podía verse gravemente amenazado.

Con la mirada puesta en Constantinopla, el nuevo sultán emprendió la construcción de una gran fortaleza artillada en Rumeli Hissar, a la entrada del Bósforo. Desde el castillo se controlaba el paso marítimo. Era el primer movimiento para aislar a la ciudad de toda posible ayuda exterior. Esta espléndida fortaleza reproduce en su trazado la forma caligráfica del nombre de Mahoma.

Una leyenda asegura que el sultán hizo llamar en plena noche a su visir, el anciano Chalil. Temiendo lo peor de aquel requerimiento intempestivo, el visir se apresuró a reunir sus oros y llenó con ellos una bandeja con la que esperaba aplacar la cólera del joven sultán. Pero Mohamed II rechazó airadamente el obsequio. El visir se excusó aludiendo a la antigua costumbre de hacer regalos al sultán. «¡Yo no quiero monedas de oro –replicó Mohamed II–. Quiero Constantinopla!»

EL MONSTRUO DE BRONCE

La suerte de Constantinopla estaba echada. El sultán decretó el alistamiento de todos los hombres en edad militar. Se divulgó que disponía de más de doscientos mil hombres, lo que probablemente es una exageración. Más justo parece admitir que contaba con ochenta mil combatientes regulares, a los que cabría sumar unos veinte mil voluntarios musulmanes, de menor utilidad militar. El cuerpo escogido de este ejército eran los famosos jenízaros, unos veinte mil fanáticos musulmanes, excelentemente entrenados y armados. Muchos procedían de familias cristianas a las que los niños eran arrebatados para educarlos en la fe islámica, en la ciega obediencia del sultán y en las otras virtudes castrenses que convienen a un cuerpo militar perfectamente fanatizado, sin otra familia que el cuartel ni otro padre que el estado.

Frente a este formidable poder era bien poco lo que el emperador de Bizancio podía oponer. Su antiguo ejército, que fuera el mejor del mundo en otra época, había quedado reducido a unos ocho mil combatientes de diversa calidad, muchos de ellos bisoños. Cuando se completaron las listas de personas en edad de combatir, en las que hasta los monjes jóvenes estaban incluidos, el resultado fue tan decepcionante que Constantino –el último emperador de Bizancio se llamaba, paradójicamente, como el primero– prohibió su publicación.

A esta fuerza habría que añadir hasta tres mil auxiliares entre mercenarios, voluntarios y marineros. Algunos eran italianos (principalmente genoveses, venecianos y pisanos), pero tampoco faltaban catalanes procedentes de la colonia comercial. En total, unos diez mil hombres que teóricamente tendrían que defender un perímetro murado de diecinueve kilómetros.

A pesar de la aplastante superioridad numérica de los turcos, el factor decisivo que condujo a la conquista de la ciudad fue la artillería. Los cañones eran conocidos en Europa desde bastante tiempo atrás, pero nunca se habían empleado tan contundentemente como frente a Constantinopla.

En 1452 un ingeniero húngaro llamado Orbón llegó a Constantinopla para ofrecer sus servicios al emperador. Pero el emperador de Bizancio no tenía con qué pagar al técnico, de manera que éste siguió su camino y fue a ofrecerse al sultán de los turcos. Aquí sí había oro para compensarlo, incluso por encima de sus pretensiones. A sueldo de Mohamed II, Orbón se arriesgó a fabricar un cañón de dimensiones nunca vistas hasta entonces, un monstruo de bronce que cualquier técnico menos audaz hubiese rechazado por peligroso y poco operativo. La gran bombarda medía diez metros de largo. El proyectil que disparaba alcanzaba ochenta centímetros de diámetro. Para transportarla hacían falta sesenta bueyes y precisaba unos doscientos servidores. Se hicieron pruebas con distintas clases de pólvora, y funcionó. Después de cada disparo era necesario cubrirla de espesas mantas para evitar que se enfriase con demasiada rapidez. Mientras tanto, sus servidores la limpiaban y engrasaban con sumo cuidado. En las operaciones de enfriado, limpieza y carga transcurrían dos horas, de modo que la bombarda sólo podía hacer unos siete disparos diarios.

Junto a esta bombarda, los técnicos del sultán fundieron, siempre bajo la atenta supervisión de Orbón, una gran cantidad de bocas de fuego menores.

A tan impresionante artillería los bizantinos sólo podían oponer un reducido número de cañones de escasa potencia. Para colmo resultó que no los podían emplazar sobre las torres de la muralla porque causaban más daño que provecho ya que la vibración de los disparos agrietaba los muros. Aparte de la artillería de pólvora, los bizantinos contaban con balistas y catapultas, vestigio ya obsoleto de la pasada potencia del ejército imperial. Y, por supuesto, el elemento hasta entonces decisivo, la razón de que Mohamed II concediese tanta importancia a la artillería: las famosas e imponentes murallas de Constantinopla.

Hacía ya mucho tiempo que la ciudad parecía estar condenada a ser engullida por el imperio turco. Todo buen musulmán sabía que el Profeta había vaticinado a sus seguidores: «¿Habéis oído hablar de una ciudad que tiene una parte de tierra y dos partes de mar? No sonará la hora del Juicio hasta que setenta mil hijos de Isaac la conquisten.» De acuerdo con la misma tradición, el primer musulmán que entrara en la ciudad mítica, en la Qostantiniya islámica, recibiría un puesto privilegiado en el paraíso, de la mano del propio Profeta.

Constantino seguía importunando con sus dramáticas apelaciones a los monarcas y señorías de Occidente, pero ninguno de ellos parecía perder el sueño por el destino de Constantinopla. Era tal el prestigio del antiguo imperio que parecía imposible que la ciudad pudiese sucumbir. Conocían la excelencia de sus murallas, pero no sabían nada de los nuevos cañones fabricados expresamente para demolerlas. No obstante, para los occidentales establecidos en Constantinopla, la cosa era distinta. Ellos eran conscientes de la angustiosa situación de la ciudad, y sabían que el fin de Constantinopla sería también, probablemente, su propio fin. La colonia veneciana se ofreció al emperador para luchar contra los turcos. En el puerto tenían ancladas seis grandes naos de transporte: apresuradamente fueron acondicionadas para que sirvieran como apoyo naval. También los genoveses se ofrecieron voluntarios. Entre ellos destacaron los hermanos Bocchiardos, que alistaron en Italia sendas compañías de mercenarios cuyas soldadas pagaban de su propio peculio. Con todo, la mejor adquisición de los defensores fue el famoso general genovés Giovanni Giustiniani, que a pesar de su extrema juventud estaba considerado un experto en poliorcética.

En cuanto Giustiniani llegó a Constantinopla, el emperador le confió la defensa de la muralla del istmo, que previsiblemente sería el sector por el que se desencadenaría el principal ataque turco. La tradicional enemistad entre genoveses y venecianos, que previsiblemente sería alentada por el hecho de que un genovés se hiciese cargo del mando, fue depuesta juiciosamente ante las difíciles horas que se avecinaban.

Antes de que llegaran los turcos, el diligente Giustiniani aplicó todas las manos libres de la ciudad a la tarea de restaurar la muralla en aquellos lugares que necesitaban reparos, así como al desescombro y limpieza de los fosos. Bizantinos y latinos colaboraron hombro con hombro en la tarea de preparar la ciudad para el asedio. Entre ellos se contaban los doscientos catalanes de la colonia mandados por el cónsul Pere Julià. Por el contrario, los comerciantes genoveses de Pera prefirieron observar una política neutral. El barrio al otro lado del Cuerno de Oro se convertiría durante el asedio en un nido de espías y agentes dobles, cuyas actividades llegarían a enfurecer por igual al emperador y al sultán.

El entusiasmo de los defensores de Constantinopla sólo se vio empañado, el 26 de febrero, por la defección y huida de siete barcos de carga en los que desertaron seiscientos italianos.

El asedio

Al amanecer del segundo día de abril de 1453 los vigías de las torres de Constantinopla distinguieron las nubes de polvo que levantaban los primeros destacamentos turcos que concurrían al asedio. Los preparativos de defensa estaban ya ultimados. Incluso se había conseguido barrear el Cuerno de Oro, cerrándolo con una fuerte cadena sostenida por boyas de madera. La cadena abarcaba desde una torre de las murallas marítimas de Constantinopla hasta otra torre de Pera.

¡Las murallas de Constantinopla! Para cualquier cristiano culto de la época, las defensas de Constantinopla sobrepasaban en fuerza y dimensiones a las míticas de Babilonia. Constantinopla estaba cercada por diecinueve kilómetros de murallas que acotaban la península bizantina de mar a mar.

Por la parte marítima la muralla era sencilla y se abría para dejar vía libre a un par de fondeaderos igualmente fortificados, pero por la parte del istmo terrestre el dispositivo defensivo era tan formidable que por espacio de casi un milenio no tuvo parangón en Occidente. Por esta parte la muralla medía siete kilómetros y tenía ocho puertas y unas cincuenta torres.

La primera muralla de la ciudad se había trazado en tiempos de Constantino pero fue muy pronto desbordada por el rápido crecimiento de la urbe. Hacia 413 Teodosio construyó otra muralla más alejada, a la que posteriormente se añadió un segundo recinto más potente aún.

Cuando los turcos asaltaran la muralla terrestre de Constantinopla encontrarían primero un foso de casi veinte metros de anchura y seis de profundidad que, en algunos sectores, podía inundarse. Si conseguían salvar este foso, encontrarían un parapeto de piedra que coronaba la escarpa. Detrás de este parapeto se abría un espacio despejado, a manera de amplio camino de ronda, el llamado Peribolos. Este espacio quedaba dominado por el muro y las torres de Teodosio: una muralla de doce metros de altura con torres que sobrepasaban su nivel. Si los turcos conseguían asaltar esta muralla encontraban al otro lado un espacio abierto, el Parataikon, de unos veinte metros de anchura, y, a continuación, la muralla interior, más imponente y fuerte que la primera, de quince metros de altura, jalonada por imponentes torres de distintas formas y tamaños. Detrás quedaba ya la ciudad. Esta muralla había conocido seis asedios a lo largo de su historia: en 559 el de los hunos y eslavos; hacia 675 y en 717 el de los árabes; en 1204 el de los cruzados, que conquistaron la ciudad y la saquearon; y en 1261 el de los bizantinos, que lograron recuperar su capital.

El problema de los defensores de Constantinopla radicaba en su escasez de efectivos. Apenas disponían de un hombre por cada cinco metros de muralla. Por lo tanto, tuvieron que concentrarse en la muralla exterior terrestre. La marítima quedaría vigilada por algunos destacamentos de auxiliares, entre ellos los catalanes, que guardarían la zona del hipódromo y el antiguo palacio Sagrado; incluso algunos turcos del príncipe Horchon, enemigo del sultán, combatirían en la defensa de la ciudad.

Los regimientos turcos fueron llegando en los días siguientes. De acuerdo con un orden minuciosamente preestablecido, acamparon a prudente distancia de los muros. Para prevenir ataques por sorpresa de los defensores, protegieron sus campamentos con foso, terraplén y empalizada, según la usanza romana que habían aprendido de Bizancio. Desde las murallas, los defensores de Constantinopla y la población de la ciudad contemplaron con curiosidad cómo se alzaba la gran tienda dorada y roja del sultán rodeada por las de sus fieles jenízaros. Delante del campamento, a prudente distancia, podían distinguir la artillería turca. Un ejército de carpinteros y zapadores se afanaba en colocar las pesadas bombardas en sus emplazamientos. Muchos dedos señalaban la bombarda de Orbón. Nadie podía creer que una pieza de tal calibre pudiese disparar.

Cuando ya se hubo instalado el campamento, y antes de dar comienzo la batalla, el sultán cumplió con el trámite de enviar una embajada portadora de bandera blanca para ofrecer al emperador la capitulación en las condiciones más honorables. Como estaba previsto, el emperador rechazó la embajada. Era el 6 de abril. Al anochecer tronó la artillería turca y sus bolaños de piedra y hierro comenzaron a batir las murallas procurando acertar en los ángulos y aristas de la fortificación, donde el impacto era mucho más efectivo. Los artilleros turcos demostraron haber sido excelentemente entrenados. Al día siguiente se desmoronó un buen trozo de muro por el sector de la puerta Carisia.

Los estrategas y arquitectos bizantinos evaluaron, con melancólica resignación, la magnitud del destrozo. Era evidente que las nuevas armas daban al traste con todo el concepto de la fortificación medieval que la muralla de Constantinopla, orgullosamente, había simbolizado durante siglos. Con todo, la población no se arredró: reconstruirían durante la noche lo que los cañones dañaran o demolieran durante el día. Todas las personas que pudieran manejar un pico o transportar una esportilla, incluyendo mujeres, acudieron a las obras de la muralla. Se cavaba incesantemente en el Peribolos, y la tierra extraída se amontonaba en los sectores del recinto exterior demolidos por la artillería. Sobre el terraplén resultante los zapadores disponían una empalizada de tablones, reforzada con barriles terreros a guisa de contrafuertes y almenas. Desde esta obra de fortuna los defensores podían proseguir la resistencia. Los ingeniosos bizantinos intentaron arbitrar otras medidas para contrarrestar los efectos de la artillería del turco. Incluso idearon amortiguar sus impactos protegiendo el muro con sacos de lana y pieles, pero no dio resultado. Después de unos días de intenso bombardeo, la muralla quedó bastante malparada por la parte del río Lycus.

Mientras esto ocurría en la muralla terrestre, la escuadra turca intentaba avivar la guerra por la parte de la muralla marítima y del Cuerno de Oro. El 12 de abril, un ataque naval a la cadena que cerraba el Cuerno de Oro fracasó. Los barcos cristianos que defendían el puerto eran todos de alto bordo, inaccesibles para las bajas embarcaciones turcas. Desde sus alturas los cristianos podían acribillar a placer las cubiertas de los turcos sin recibir de ellas el menor daño.

Fuera de las murallas de la ciudad existían dos fortalezas periféricas: Tapia y Studio. Éstas fueron fácil presa para la artillería turca. Tapia resistió dos días. Studio, sólo unas horas. Los setenta y seis soldados que sobrevivieron al bombardeo y asalto de estos castillos fueron apresados por los turcos. Los condujeron a la vista de las murallas de Constantinopla y allí los empalaron en estacas. Esta y otras muestras de brutalidad por parte de los asediantes recibieron una réplica igualmente brutal: días después, los asediados degollaron a más de doscientos prisioneros turcos en las almenas, a la vista del campo enemigo.

El 11 de abril empezó un bombardeo generalizado de la muralla que se prolongaría ininterrumpidamente durante las seis semanas que duró el asedio.

Un rayo de esperanza

El primer ensayo general de asalto se produjo el 18 de abril. Con el acostumbrado acompañamiento de tambores y trompetas, los turcos lanzaron contra la ciudad el grueso de sus efectivos. La lucha se prolongó por espacio de cuatro horas, pero los atacantes se estrellaron contra la muralla exterior y perdieron doscientos hombres.

A pesar de este éxito parcial, la única esperanza de los sitiados estaba depositada en el incierto Occidente. El emperador había cursado urgentes peticiones de ayuda al papa y a los estados cristianos. Se esperaba que los refuerzos llegasen de un momento a otro. Era seguro que si nuevos contingentes de tropas entraban en la ciudad, Mohamed II se vería obligado a levantar el campo. Tan vehemente esperanza pareció confirmarse cuando el día 20 de abril los vigías de la muralla marítima anunciaron la aparición de unas velas en el horizonte. Eran los navíos genoveses alquilados por el papa. Toda la ciudad estalló en júbilo y corrió a la muralla para contemplar la llegada de los barcos. Aquellos pesados mastodontes transportaban en sus orondas panzas un cargamento de armas y vituallas. A las galeras se unió otro navío imperial. Los cuatro monstruos avanzaban lentamente. Parecía que ya nada podía interponerse entre ellos y el seguro embarcadero, pero la muchedumbre que los jaleaba comprobó con un suspiro de angustia que su presencia había sido detectada también por los turcos. Para colmo, el viento cesó de soplar inoportunamente y una maligna calma chicha se instaló en el estrecho. Las embarcaciones cristianas, pesadamente cargadas, no podían ser impulsadas a remo, necesitaban viento para llegar a los embarcaderos, pero sus velas colgaban fláccidas contra los mástiles. Un enjambre de embarcaciones de remo turcas al mando de Batta Oghe se apresuró a interceptarlos. Durante varias horas la batalla se desarrolló a la vista de la ciudad. Al principio, los turcos intentaron abordar las naves, pero fueron rechazados con grandes pérdidas; entonces cambiaron de táctica y se conformaron con incendiarlas, pero sus esfuerzos se estrellaron nuevamente contra la disciplina de las tripulaciones cristianas y contra los bordos casi inaccesibles de sus navíos. Los proyectiles incendiarios que caían sobre las cubiertas eran prontamente apagados y las hachas de los marinos rechazaban cualquier abordaje segando prontamente las cuerdas y las manos que alcanzaban la borda. Además, los genoveses, excelentemente armados, podían disparar a placer sobre aquella confusión de embarcaciones turcas.

El emperador seguía los acontecimientos desde los muros de la ciudad; el sultán los seguía desde la orilla. El colérico joven se impacientaba y bramaba de ira. Los miembros de su séquito, amedrentados, no osaban seguirlo cuando se internaba en el mar mascullando insultos contra los torpes comandantes de su flota hasta que el agua llegaba a la cabeza de su caballo.

Al atardecer se levantó el viento, se hincharon otra vez las velas y los pesados barcos cristianos se pusieron en movimiento. La cadena del puerto se abrió para recibirlos, ya a salvo. La escaramuza se había saldado con más de cien muertos turcos por tan sólo veintitrés cristianos. Rojo de ira, el sultán ordenó decapitar al almirante Batta Oghe. Intercedieron por él sus conmilitones y finalmente se contentó con apalearlo y expulsarlo del campamento.

En el poco tiempo que había durado el asedio, los turcos se habían percatado de la total ineficacia de su marina frente a la cristiana. Era evidente que no conseguirían romper la cadena que cerraba el Cuerno de Oro. Por otra parte, necesitaban introducir sus barcos en aquella zona si querían completar el asedio por mar. Nuevamente fue un técnico extranjero, esta vez italiano, el que los ayudó a resolver el problema. Ya que no podemos romper la cadena –razonó–, transportemos los barcos a través de las montañas hasta la península gálata y las costas de Pera. De este modo no romperemos la cadena pero la saltaremos. Y así lo hicieron. En un tiempo récord, los turcos construyeron un camino de unos ocho kilómetros de longitud por el que transportaron sus barcos haciéndolos rodar sobre troncos engrasados. El 23 de abril, unas setenta naves turcas aparecieron fondeadas en el interior del Cuerno de Oro. En adelante la reducida flota cristiana se vio obligada a permanecer al amparo de las murallas de Constantinopla. En puridad, la hazaña no era totalmente original. El técnico italiano a sueldo del sultán se había limitado a reproducir un plan ya usado por los venecianos catorce años antes en el paso de Torbole.

La aparición de la escuadra turca en el Cuerno de Oro constituyó un grave revés para la moral de los sitiados. Además, había otros motivos para que cundiese el desaliento. Los alimentos comenzaban a escasear y la ejemplar fraternidad de los primeros momentos se había enfriado considerablemente. Revivían las añejas enemistades entre latinos y bizantinos, entre genoveses y venecianos, entre partidarios de la resistencia a ultranza y partidarios de negociar con el turco. Con todo, algunas noticias alentadoras podían contribuir esporádicamente a levantar los ánimos. Circulaban rumores acerca de la inminente llegada de un gran ejército cristiano de refuerzo que se estaba alistando en Europa; el gran cañón de Orbón dejó de tronar durante unos días, averiado...

Vanas esperanzas. Mohamed II había resuelto perseverar en el asedio hasta conquistar la ciudad. Y sus ingenieros tomaban medidas para mejorar las instalaciones de los campamentos, como si se estuvieran preparando para permanecer allí todo el tiempo que fuera necesario. Estaban construyendo un puente flotante sobre toneles en la cabecera del Cuerno de Oro. De este modo se favorecía el contacto entre los distintos campamentos y se estrechaba el cerco. La población de Constantinopla contemplaba cada día el progreso de las obras desde lo alto de las murallas. Parecía que los sitiadores no tenían prisa. Largas caravanas de carros los avituallaban a diario. Se encontraban en óptimas condiciones para proseguir en su empeño en tanto que los sitiados no podían evitar sentirse desmoralizados. Informado de ello, el sultán decidió adelantar el asalto final al domingo 7 de mayo.

El día señalado una multitud de vociferantes turcos provistos de largas escalas se lanzó al asalto de la muralla exterior por los sectores donde el foso había sido cegado. Como de costumbre, el ataque se acompañaba del estruendo de tambores y trompetas. Por parte bizantina respondía el redoble de todas las campanas de la ciudad tocando a rebato. Por encima de todo este fragor, las roncas voces de bombardas y culebrinas de todos los calibres se dejaban oír vomitando su mortífera carga de bolaños y proyectiles.

Durante tres horas, ininterrumpidamente, oleadas sucesivas de turcos se aproximaron a la muralla y levantaron sus escalas. En los parapetos almenados los defensores hacían prodigios de valor multiplicándose para atender a los lugares donde los asaltos eran más enconados. Los de la primera muralla resistían a duras penas a los que conseguían alcanzar el nivel de la barbacana. Finalmente el ataque fue rechazado y los turcos tuvieron que replegarse. Mohamed II reprimió su ira: aquella ansiada fruta no estaba madura todavía a pesar del continuo castigo a que la sometió su artillería. Por el campo turco cundió el desánimo y rodaron las cabezas de algunos responsables de aquel fracaso.

El asedio de Constantinopla, como decíamos al principio, no marcó exactamente el final de la Edad Media en lo cultural, pero quizá lo marcase en lo militar. Fue, en verdad, el canto de cisne del castillo y la muralla medieval, que hasta entonces habían favorecido o impuesto un estilo de vida en muchos países de Occidente. La irrupción en el panorama bélico de una artillería más potente y perfeccionada alteró, a partir del asedio de Constantinopla, una serie de supuestos hasta entonces considerados invariables. Desde este punto de vista podemos considerar que la batalla de Constantinopla fue el último asedio medieval y el primero de la modernidad. La ciudad sucumbió por la artillería, evidentemente ayudada también por la desproporción de los ejércitos en liza. Con todo, al principio, los propios turcos pusieron en duda las virtudes castrenses de su artillería. En efecto, después del fracaso del día 7 de mayo, Mohamed II se dejó convencer por la facción conservadora de sus generales, los que le aconsejaban no fiarlo todo a los cañones y replantear el asedio por los procedimientos tradicionales, es decir, por medio de minas y torres móviles, como se viniera haciendo desde la antigüedad.

El sultán movilizó a todos los mineros de los filones argentíferos de Servia y los convirtió en zapadores. En turnos continuos se pusieron a cavar una mina que condujera al subsuelo de la ciudad, justamente debajo de las murallas. Una vez alcanzados los cimientos tendrían que ensanchar la excavación hasta formar una cavidad que dejase al aire un buen trecho de los fundamentos del muro. La ejecución de este proyecto era delicada. Había que entibar la excavación continuamente para que el tremendo peso de los muros no la desplomase prematuramente. Al cabo de algunas jornadas de arduo trabajo los ingenieros se dieron por satisfechos. El sultán consultó con sus astrólogos sobre la fecha de la conjunción estelar más propicia para la conquista de la ciudad. El trecho de muro minado se desplomaría minutos antes del asalto turco, de manera que los jenízaros pudieran penetrar en la ciudad por la brecha resultante. Para ello bastaba con rociar el entibado con sustancias de fácil combustión y prenderles fuego. Al consumirse los maderos que sostenían el cimiento, el muro se desmoronaba, falto de sustento.

La única defensa contra la mina era la contramina. Los defensores de la ciudad, dirigidos por un técnico alemán o escocés llamado Grant, practicaron otra mina desde el interior. Después de excavar varias galerías sin éxito, consiguieron finalmente dar con la mina turca y quemaron sus entibados. La mina se desplomó, sepultando a muchos zapadores turcos.

La mina había fracasado. Mohamed II no se inmutó. Mandó excavar otra, cerca de la puerta Caligaria. Pero una nueva contramina de los bizantinos consiguió inundarla. Una tercera mina, practicada cerca de la puerta de Blanquernas, fue también contraminada y sus picadores hechos prisioneros.

Las torres de asedio no dieron mejor resultado. Una torre de asalto era una estructura de madera instalada sobre una plataforma rodante. La parte frontal se forraba de pieles frescas para evitar que los proyectiles incendiarios de los sitiados la dañaran. Para que la torre pudiese aproximarse a la muralla y tender su puente levadizo sobre las almenas era necesario cegar y allanar el foso.

El 18 de mayo una gigantesca torre de asedio, que había sido ensamblada por los turcos durante la noche anterior, fue empujada hasta el pie del foso. En el primer nivel de su plataforma, los zapadores se afanaban en descargar escombros sobre el foso protegidos por los arqueros y espingarderos que llenaban los parapetos del segundo nivel haciendo fuego sobre los defensores del muro. Parecía que las torres de asedio iban a poner a los bizantinos en una desesperada situación. Sin embargo, cuando se hizo de noche, un grupo de voluntarios abandonó los parapetos y consiguió acercarse a la torre sin ser notado por los escuchas turcos. El comando acumuló cargas de pólvora bajo la plataforma inferior de la torre, encendió una mecha y se puso a salvo. Se produjo una gran detonación y las llamas prendieron la estructura de la torre. En muy pocas horas, el ingenio turco quedó reducido a cenizas. Desde los muros, toda la ciudad asistía alborozada al incendio que iluminaba la noche.

Ni minas ni torres rodantes dieron, pues, el resultado apetecido. A la postre iba a ser la artillería la que quebrantara la resistencia de la muralla. Hubo momentos en los que el sultán, descorazonado, pensó seriamente en la conveniencia de levantar el cerco. Incluso se llegó a negociar la retirada del ejército turco a cambio de un tributo anual de cien mil besantes de oro. Pero el emperador no podía considerar siquiera estos ofrecimientos: en el estado de postración y ruina en que se encontraban los restos del antiguo imperio, ¿de dónde iba a sacar tan exorbitante cantidad?

El asalto final

En los últimos días de Constantinopla acaecieron extraños presagios en los que tanto sitiados como sitiadores creyeron advertir la mano de la providencia. Un vivo resplandor se instaló sobre la basílica de Santa Sofía y pudo percibirse desde muchos kilómetros de distancia. Al anochecer aparecían extrañas luminarias en el campo, distintas de las hogueras de los turcos.

Mohamed II emitió las órdenes pertinentes para preparar el asalto final. Hizo pregonar una gran recompensa para el primer soldado que penetrase en la ciudad y tres días de saqueo libre para el ejército. Constantino, por su parte, reunió a los defensores de la muralla para una última arenga. Les refirió las glorias pasadas de la ciudad y del imperio. Recordó a sus súbditos que eran descendientes de los héroes de la antigüedad y que tenían el sagrado deber de estar a la altura de tan ilustres antecesores. Agradeció la ayuda de italianos y catalanes. Evitó todo triunfalismo: de sobra sabían todos que Constantinopla estaba irremisiblemente perdida si no mediaba un milagro. Constantino no parecía esperarlo. Se declaró personalmente dispuesto a perecer en la defensa de su ciudad.

Las suspicacias y enemistades que en los últimos días afloraran entre latinos y ortodoxos quedaron borradas por el presentimiento de la próxima muerte que se apoderó de todos los combatientes. La última misa en Santa Sofía fue conmovedora: bizantinos, italianos y catalanes se mezclaron superando las antiguas discrepancias religiosas y comulgaron de manos de sacerdotes de los dos ritos, sin hacer distinciones. Luego cada cual se dirigió al puesto que le había sido asignado en la muralla.

El ataque se produjo durante la noche del 28 de mayo. Sería el más largo: veintidós horas de lucha ininterrumpida. Hacia la una de la madrugada, el estruendo de las trompetas, tambores y campanas dio la señal para ambos bandos. Delante de la muralla, a la vacilante luz de hogueras y antorchas, comenzaron a definirse los perfiles de una ululante masa de tropas irregulares turcas. Mohamed, escarmentado después de su anterior fracaso, lanzaba en primer lugar a sus voluntarios y mercenarios: pura carne de cañón constituida por una mezcolanza de eslavos, húngaros, italianos y hasta bizantinos apresuradamente alistados bajo las banderas turcas por la codicia del botín. El ataque incidía principalmente, como las otras ocasiones, en el sector de la muralla que cruzaba el valle del Lycus. Desconfiando de estas tropas, que fácilmente se desalentaban si encontraban muy enconada resistencia, el sultán las hacía seguir por escuadrones de policía militar que ejecutaban en el acto a los que volvieran la espalda.

El combate nocturno sobre los terraplenes del Lycus arrojó un indeciso resultado. Con las claras del día, cuando pareció que los asaltantes iban perdiendo impulso y que serían rechazados por los defensores, Mohamed II lanzó el ataque de la segunda oleada. No quería dar respiro a los bizantinos. Cuando sus jenízaros llegasen a ellos los encontrarían ya agotados por los encuentros nocturnos.

La segunda oleada de atacantes estaba compuesta principalmente por anatolios. Más disciplinados que sus predecesores, se aproximaron a la muralla en relativo orden, formando filas detrás de las largas escalas de asedio, levantando sus garfios de asalto. Las bandas de trompeteros y gaiteros avanzaban entre los escuadrones animando con su fanfarria a los que iban a morir en los muros. Amanecía. La ronca artillería disparaba a discreción. Un proyectil del cañón de Orbón acertó plenamente en la barricada defensiva y la deshizo en una extensión de bastantes metros. Entre la alta nube de polvo producida, una vociferante turba de anatolios se precipitó por la brecha recién abierta.

Parecía que la ciudad estaba perdida, pero el iracundo Mohamed II tuvo que contemplar cómo los defensores se agrupaban y, haciendo un sobrehumano esfuerzo, cargaban contra los asaltantes, superiores en número, y los rechazaban degollando a cuantos habían escalado la muralla. Mientras la lucha proseguía, el sultán dio la esperada orden a los jenízaros.

Los mejores guerreros de su tiempo, la flor y nata del ejército turco, avanzó a paso de desfile, disciplinadamente, hasta la explanada sembrada de cadáveres que había frente a las defensas de la ciudad. Mohamed II en persona los acompañó hasta el pie del foso y se mantuvo allí siguiendo de cerca los avatares de la lucha y animando a sus soldados. Cuatro horas de combate ininterrumpido habían debilitado considerablemente a los defensores. Parecía humanamente imposible que pudieran rechazar el ataque de los jenízaros. La ciudad estaba, sin duda, irremisiblemente perdida. Pero dos circunstancias fortuitas se combinaron para acelerar su caída.

Una de las poternas que daban al campo, la situada en la confluencia de la muralla de Blanquernas con la doble de Teodosio, había quedado abierta por descuido o por traición de los últimos obreros que la utilizaron para extraer tierra en el espacio exterior con destino a los terraplenes. Lo cierto es que un destacamento de turcos atacantes encontró abierto aquel postigo, el famoso Kylókerkos, y se introdujo a través de él en la ciudad. Ante el estupor de los defensores, de pronto las torres de la muralla contigua se coronaron de turcos que flameaban gozosos los estandartes del sultán.

Casi al mismo tiempo en que esto ocurría, un proyectil de culebrina atravesaba la espléndida coraza de Giustiniani y lo hería mortalmente. El carismático genovés, en cuyo prestigio militar fiaban completamente los cristianos, ordenó a los suyos que lo pusieran a salvo en las naves. La vista de los destacamentos turcos dentro de la muralla y el rumor de que Giustiniani había desamparado la lucha para ponerse a salvo, acabaron por desmoralizar a los defensores. Haciendo caso omiso a las órdenes de sus oficiales e incluso al mismo emperador, que intentaba impedir la desbandada, abandonaron sus puestos y se replegaron. Los turcos irrumpieron por diversos puntos ya desguarnecidos de la muralla y ganaron las puertas.

Muchos bizantinos se habían refugiado en los templos, particularmente en Santa Sofía. Existía la antigua creencia de que si algún día los enemigos invadían la ciudad, un ángel guerrero descendería del cielo para defender Santa Sofía. Una leyenda sostiene que cuando los turcos irrumpieron en la basílica, el clérigo que estaba diciendo misa en el altar mayor recogió el cáliz consagrado y, abriéndose paso entre los atónitos testigos, se dirigió derechamente al muro y desapareció a través de él milagrosamente. Cuando los cristianos tornen a Constantinopla, asegura la misma leyenda, el clérigo regresará por el mismo camino para reanudar la misa interrumpida.

En los ladrillos de la catedral estaba escrito: «Dios está con ella. No será destruida.»

Ciertamente la portentosa basílica no fue destruida y ha llegado hasta nosotros en todo su esplendor, pero los que se habían refugiado en ella fueron tan víctimas de los asaltantes como todos los otros habitantes de la ciudad. En las primeras horas la soldadesca triunfante mató a todo el que encontró en las calles, los templos o las casas. Después, los ánimos se apaciguaron y decidieron respetar las vidas de los prisioneros susceptibles de ser vendidos como esclavos.

En algunos sectores de Constantinopla continuaba la resistencia. En la zona de la muralla marítima, los cretenses defendían sus torres. También los catalanes resistieron hasta que fueron muertos o apresados. Parece que el propio emperador pereció en el combate haciendo honor a su promesa. Cuando cesó la lucha, unos cuatro mil bizantinos habían muerto y otros cincuenta mil se habían rendido.

No todos los habitantes de la ciudad cayeron en manos de los turcos. Algunos habían preparado cuidadosamente su huida desde el principio del asedio. La evacuación de estos privilegiados se realizó ordenadamente, dentro de lo que cabe. Muchos navíos abandonaron el puerto con las bodegas y sentinas atestadas de fugitivos sin ser molestadas por las embarcaciones turcas. Al parecer, la chusma de marinos y remeros turcos había desertado en masa para participar en el saqueo de la ciudad.

Entre los que pudieron escapar del cautiverio figuraba el valeroso y desventurado Giustiniani, cuya galera recaló en Quíos al día siguiente. Allí murió a las pocas horas a consecuencia de sus heridas.

Los turcos decapitaron a las personas de alcurnia, entre ellas Pere Julià, el cónsul de los catalanes, pero respetaron a los artistas y científicos. En adelante trabajarían para Mohamed II. Durante el resto de su reinado, el sultán se preocupó de repoblar, restaurar y embellecer la ciudad. Es posible que tuviese mala conciencia por el desastroso final que la había condenado. El día de la conquista alguien lo había oído murmurar: «¡Pobre ciudad, que hemos entregado a la destrucción!»

6. EL TESORO DE SALOMÓN

El más poderoso acicate de los conquistadores suele ser la codicia de los bienes de los pueblos vencidos. Los historiadores árabes que glosan la conquista islámica de España, en el año 711, consagran largo espacio a la ponderación de las magníficas preseas y riquezas que los invasores hallaron en los palacios de los godos. Dice el Seudo Ben Qutaiba: «En Toledo existía un palacio llamado la mansión de los monarcas, donde encontró Muza una mesa en la que estaba el nombre de Salomón, hijo de David (sobre ambos sea la paz) y otra mesa de ágata. Cuando Muza vio estos objetos, los puso inmediatamente bajo la custodia de personas de confianza, elegidas por él, y los ocultó a los ojos de los suyos, pues tal era el valor de éstos y otros preciosos objetos encontrados al tiempo de la invasión de España por los musulmanes, que no hubo un solo hombre en el ejército que pudiera (ni aun aproximadamente) tasar su valor; así respecto a la plata, el oro, brocados y otros artículos de vestir o muebles, ningún hombre, por hábil que fuera, pudo llegar a calcularlos.»

Otro historiador, Ben Aben al-Hakam, lo refiere así: «Cuando España fue conquistada por Muza, éste tomó la mesa de Salomón, hijo de David, y la corona. Dijéronle a Tariq que la mesa estaba en un castillo llamado Faras, a dos jornadas de Toledo, y que su gobernador era un hijo de la hermana de Rodrigo. (...) Éste le pidió la mesa y él se la entregó. Tenía tanto oro y aljófar como no se ha visto cosa igual. Tariq le arrancó un pie con el oro y perlas que tenía, y le mandó poner otro semejante. Estaba valorada en doscientos mil dinares, por las muchas perlas que tenía.»

Finalmente un texto de al-Maqqari: «La mesa estaba hecha de oro puro, incrustado de perlas, rubíes y esmeraldas, de tal suerte que no se había visto otra semejante. (...) Estaba colocada sobre el altar de la iglesia de Toledo, donde la encontraron los musulmanes, volando la fama de su magnificencia. Ya sospechaba Tariq lo que después sucedió de la envidia de Muza, por las ventajas que había conseguido, y que le había de ordenar la entrega de todo lo que tenía, por lo cual discurrió arrancarle uno de los pies y esconderlo en su casa, y ésta fue, como es sabido, una de las causas de que Tariq y Muza disputasen ante el califa sobre sus respectivas conquistas, disputa en la que Tariq quedó vencedor.»

El mito del tesoro de los godos aparece aún más incierto en sus remotos orígenes. No se sabe bien dónde estaba la casa del tesoro. En las *Mil y una noches* se habla de «un país al que llamaban Lebta y pertenecía al reino de los francos». Ben Abdelhaken escribe: «Nos contó Abderrahmen, y éste lo oyó a Abdallah Ben Abdelhaben, y éste a Hixem Ben Ishac que había en España una casa cerrada con muchos cerrojos.» Jorge Luis Borges, siguiendo tradiciones recogidas en autores orientales, al hablar del palacio encantado donde los godos guardaban su tesoro se refiere a un lugar llamado Toledo, o Ceuta, o Jaén. Casi todos los autores que tratan directamente la conquista de España coinciden en que el lugar era Toledo, lo que parece razonable habida cuenta de que se trataba de la capital del reino visigodo. Algunos especifican que aquella casa había sido construida por el propio Hércules. Andando el tiempo la historia va sufriendo ciertas modificaciones y lo que al principio era casa se transforma primeramente en palacio y finalmente en cueva, la célebre cueva de Hércules. Otra arraigada tradición señala una cueva de Hércules en un paraje cercano a Jaén. Nos referimos a la famosa Peña de Martos, donde, según Francisco Delicado (1524), «puso Hércules la tercera piedra o columna que al presente es puesta en el templo». En las inmediaciones de esta cueva se descubrió, en 1924, el tesoro visigótico de Torredonjimeno.

A la vista de estos textos cabe plantearse si existe en ellos algún fondo de verdad o si se trata de una mera fábula transmitida por nómadas de ardiente imaginación embelesados por la magnificencia de los tesoros que acaban de conquistar. El caso es que, efectivamente, aquella ponderada mesa pudo muy bien proceder del mítico Salomón.

Salomón murió hacia el 922 a. JC. En el milenio que lo separa de nuestra era, el pueblo de Israel sufrió la cautividad de Babilonia y la destrucción del Templo por Nabucodonosor II. No obstante, es posible que ciertos objetos especialmente sagrados del tesoro del Templo escaparan a estos avatares suponiendo que fueran puestos a salvo, en escondites secretos, por los sacerdotes. Finalmente cayeron en manos de los romanos, en el año 70, cuando las legiones de Tito tomaron Jerusalén y destruyeron el Templo.

Flavio Josefo, testigo presencial de los hechos y cronista de aquella conquista, escribe: «Entre la gran cantidad de despojos, los más notables eran los que habían sido hallados en el Templo de Jerusalén, la mesa de oro, que pesaba varios talentos, y el candelabro de oro.»

Cuando Tito regresó a Roma, exhibió este tesoro ante el pueblo que aclamaba su triunfo. La procesión del victorioso general ha quedado inmortalizada en el arco erigido en su honor. En los relieves que decoran el monumento distinguimos el candelabro de los siete brazos triunfalmente llevado a hombros de legionarios.

El tesoro de Salomón quedó depositado primero en el templo de Júpiter Capitolino y posteriormente en los palacios imperiales. Allí quedaron archivados los sagrados objetos, junto con muchas otras piezas procedentes de todo el imperio, hasta que, en el año 410, cuando Roma, ya decadente, era incapaz de defenderse, el rey godo Alarico la conquistó y saqueó.

En el botín de Alarico figuró el tesoro del Templo de Jerusalén, expresamente mencionado como tal por el historiador Procopio. Los sagrados objetos de Israel, confundidos con el resto de los tesoros imperiales, fueron a parar a Tolosa, la capital de los godos. Éste sería el llamado *tesoro antiguo*, integrado por objetos sagrados cuya virtud emanaba una energía que robustecía mágicamente al poseedor. Era un legado inalienable, sagrado, distinto del llamado *tesoro real* que constituía la reserva monetaria del Estado. Pero en el año 507, el rey Alarico II, presionado por francos y burgundos, tuvo que abandonar Tolosa para replegarse a sus posesiones en España. El tesoro se puso nuevamente en movimiento y pasó los Pirineos para instalarse, presumiblemente, en la nueva capital goda, en Toledo. A no ser que los visigodos se limitaran a trasladarlo a una de las dos únicas plazas fuertes que les quedaban al otro lado de los Pirineos, es decir, a Carcasona o a Rhedae, la moderna Rennes-le-Château, de la que volveremos a hablar por extenso más adelante. Pero esto parece improbable.

¿Qué se hizo de la famosa mesa de Salomón, tan elogiada por los historiadores árabes de la conquista? Después de que disputaran por su causa Tariq y Muza, el califa de Oriente ordenó que aquel valioso talismán le fuera enviado inmediatamente. La mesa de Salomón se puso, pues, en marcha, fuertemente escoltada, pero se extravió misteriosamente en el trayecto entre Toledo y los puertos andaluces donde había de embarcar. Desde entonces varios personajes, en épocas distintas, han buscado el tesoro en diversos lugares, especialmente en Toledo y Jaén. Y, para acabar de enredar el asunto, la realidad parece empeñarse en respaldar a la leyenda: en 1858 se encontró un valioso tesoro visigodo cerca de Toledo, en Guarrazar; y en 1924 se encontró otro cerca de Jaén, en la finca Majanos de Garañón en Torredonjimeno. El de Toledo se componía de una serie de coronas votivas, hoy depositadas en el Museo Arqueológico Nacional; el de Jaén, también formado por coronas, y otros objetos, no tuvo tanta suerte. El labriego que lo halló pensó que se trataba de hojalata dorada y cristalitos de colores y lo entregó a sus hijos de corta edad para que jugaran. Años después lo que restaba del tesoro fue comprado por varios anticuarios a precio irrisorio. Cuando el asunto trascendió a las autoridades, sólo fue posible rescatar unas pocas piezas menores.

En busca del tesoro: Toledo

La leyenda de la cueva de Hércules arraigó profundamente en Toledo. Con el tiempo la cueva se convirtió en un espacio sagrado en el que los antiguos se habían dedicado a prácticas mágicas. La entrada de esta cueva se localizaba en unos subterráneos existentes bajo la iglesia de San Ginés, hoy desaparecida. Los subterráneos se prolongaban «por dentro de tierra por la ciudad, hasta salir della más de tres leguas». En 1546 el cardenal Juan Martínez Silíceo hizo explorar la cueva. Seguiremos el texto de Lozano, un cronista contemporáneo: «Con las grandes noticias que se daban de esta cueva el cardenal quiso examinar y ver lo que en ella havía. No sería, claro está, con el pretexto que la mandó abrir el rey Rodrigo, para desperdiciar, o achocar, si había algún tesoro (...) su principal intento sería para desengañar al vulgo y quitar con la verdad tantas habillas y cosas como se decían (...) buscando y previniendo los hombres de más ánimo, y los que braveaban de ossados, y valientes, mandó que les diessen zurrones de comida, que llevasen linternas, hachas, cordeles y otros instrumentos. (...) Entraron, pues, estos bravos y a cosa de media legua (que yo digo sería milla pues claro está que el miedo hace las leguas más largas) toparon unas estatuas de bronce puestas sobre una mesa como altar; y que reparando en mirar una de ellas, que sobre su pedestal estava tan severa y grave, se cayó, e hizo un notable ruido, causando a los exploradores grande miedo. (...) Aunque ya bien medrosos, passaron adelante hasta dar con un gran golpe de agua, que con el ruido que hacía su arrebatada corriente, los acabó de llenar de miedo hasta los ojos. (...) En fin, ya turbados, y perdidos de temor los tales aventureros, se resolvieron en no dar más passo adelante, sino bolverse a salir. Salieron, pues, al tiempo del anochecer, despavoridos, atemorizados, con caras de difuntos (...) y murieron muchos de ellos.»

En el siglo XIX la cueva volvió a ser visitada en diversas ocasiones. En 1839 los exploradores se descolgaron con cuerdas hasta un osario cuya entrada estaba cerrada por una pesada losa. Allí encontraron vestigios de grandes construcciones antiguas, pero, como los escombros acumulados en el recinto tapaban la probable entrada de la cueva, desistieron de su empeño ante la dificultad de mover tan gran cantidad de tierra y piedras.

Doce años después el recinto fue nuevamente explorado por unos oficiales del cuartel de zapadores que contaron con el entusiasmado concurso de militares sin graduación y paisanos curiosos. Los excavadores descubrieron un espacio de unos quince metros de largo por ocho o nueve de ancho en el que se levantan tres grandiosos arcos de buena piedra sillería y dos muros del mismo material a los costados. El conjunto sostiene fortísimas bóvedas, «todo de construcción evidentemente romana».

Hacia 1929 un excéntrico sacerdote toledano, famoso por su ardiente imaginación, Ventura F. López, registró la cueva para probar que en su origen fue un templo asirio-fenicio.

Finalmente, en 1974, los frecuentados subterráneos fueron explorados científicamente por los investigadores José Antonio García Diego y Julio Porres. Del informe que elevaron a la superioridad se deduce que «hay más galerías que las dos visitables hoy. Algunas de ellas quizá no han sido exploradas nunca. Pueden ser sótanos vulgares, con bóveda de ladrillo, que abundan en Toledo: su exploración podría aclararlo». En opinión de otros pudiera tratarse simplemente del depósito terminal del acueducto romano que surtía de agua a la ciudad o del aljibe que abastecía de agua la mezquita Mayor. Vaya usted a saber.

Jaén

En los años de la guerra civil de 1936, un joven funcionario de Bellas Artes que inventariaba los tesoros artísticos de la catedral de Jaén descubrió, casualmente, documentos de cierta asociación a la que pertenecieron destacados miembros del clero y la burguesía local de fines del XIX y principios del XX. Al parecer esta sociedad estaba consagrada a la búsqueda de la mesa de Salomón, que se suponía oculta en la ciudad o en sus alrededores, quizá en la propia catedral. El tema es aún hoy objeto de estudio, aunque algunos de sus resultados parciales se han publicado en el libro *El enigma de la mesa de Salomón* (1988). El joven funcionario, cuyas actividades fueron siempre meramente burocráticas, fue arbitrariamente fusilado en 1940, pero algunos de los apuntes en que recogía el resultado de sus pesquisas quedaron traspapelados entre montones de documentos de muy diversa índole que durante décadas permanecieron apilados en un rincón del polvoriento archivo catedralicio. Allí fueron descubiertos por otro investigador a fines de los años sesenta.

Al parecer, desde principios del siglo XVI, notorios personajes relacionados con la catedral de Jaén se han consagrado a la búsqueda de la mesa de Salomón. Lo más sorprendente es que algunos de ellos llegaron a poseer grandes riquezas cuyo origen es, cuando menos, incierto. Entre ellos cabe destacar al obispo don Alonso Suárez de la Fuente del Sauce, quien, entre 1500 y 1520, realizó en su diócesis una ingente cantidad de obras tanto eclesiásticas como civiles. Incluso calculando modestamente el montante de estas obras, es evidente que el gasto excedió con mucho a los ingresos del obispado. Don Alonso Suárez, el obispo constructor, resultó original incluso después de su muerte: por su voluntad expresa recibió sepultura en la capilla mayor de la catedral, pero, transcurridos pocos años, su cadáver hubo de ser trasladado a otro lugar con motivo de la remodelación de la capilla mayor. Cuando terminaron las obras, el cabildo acordó que no hubiese sepulturas en aquella capilla por respeto a la reliquia del velo de la Verónica o Santo Rostro en ella custodiado. Protestaron de esta decisión los herederos y familiares de don Alonso y emprendieron un largo pleito con el cabildo catedral. Cuatro siglos después, el pleito perdura. Mientras tanto, la momia del obispo quedó depositada «provisionalmente» en una cajonera instalada en la propia capilla mayor. Cada año, los representantes del obispo insepulto solicitan que sea sepultado en el suelo y para ello ofrecen unos blandones de cera al cabildo, pero el cabildo invariablemente los rechaza. Se sobreentiende que si alguna vez aceptara el simbólico donativo ello significaría que don Alonso Suárez podría ser sepultado de nuevo en aquella capilla. La momia del prelado, vestida de pontifical, no da señales de impaciencia y se conserva en buen estado. Una de sus manos sostiene sobre el pecho un ejemplar de las *Odas* de Horacio, lo que nos muestra que don Alonso Suárez fue un hombre de fino olfato para los tesoros.

En el siglo XIX destacó otro personaje que parecía disponer de inagotables recursos: el canónigo Manuel Muñoz Garnica (1821-1876). En vísperas de la revolución de 1868 ocultó bajo la sillería del coro de la catedral un tesoro de plata constituido por «unos once mil duros». Posteriormente invirtió sumas astronómicas en el sostenimiento de la facción neocatólica del partido conservador y en la discreta financiación de revistas religiosas y otras publicaciones consagradas a defender a la Iglesia de los ataques de librepensadores, masones y otros demonios familiares reales o imaginarios. Cabe dentro de lo posible que los documentos hallados en 1937 fueran los mismos que Muñoz Garnica ocultó en alguna parte de la catedral en 1868, previendo la ley de incautación de los archivos eclesiásticos que el gobierno aprobaría al año siguiente.

Notables personajes relacionados con la sociedad secreta que hemos mencionado, algunos de ellos masones, construyeron en sus casas-palacios minúsculos santuarios presuntamente destinados a ocultar la Mesa de Salomón. Una de estas capillas ha aparecido en un edificio de la calle Mesa recientemente demolido. Era de planta cuadrada, cubierta por bóveda de media naranja, y su única comunicación con el exterior consistía en una alta ventana disimulada junto al tejado. Contenía una pequeña repisa de yeso a modo de altar y cuatro pedestales que pudieron sostener otras tantas esculturas de ángeles en disposición de adorar un objeto central.

Uno de los probables miembros de la sociedad, el célebre arquitecto Flores Urdapilleta, diseñó en 1914 una extraña cripta funeraria bizantina por encargo de uno de sus consocios, el barón de Velasco. La cripta fue saqueada y destruida en 1936 pero aún se pueden admirar consistentes vestigios de su esplendor original. En unas obras realizadas en esta cripta, en 1956, se encontró una lápida de mármol de Carrara, hoy en paradero desconocido, que representaba un extraño mandala formado por círculos concéntricos y una estrella de doce puntas circundada por tres letras hebreas. Posiblemente se trataba de una esquemática representación de la mesa de Salomón.

RENNES-LE-CHÂTEAU

Rhedae, ciudad fuerte de los visigodos después de la caída de Tolosa, decayó hasta convertirse en la actual Rennes-le-Château, minúscula aldea de trescientos habitantes que desde hace un cuarto de siglo se ha promocionado a inexcusable lugar de peregrinación para turistas aficionados al ocultismo e impenitentes buscadores de tesoros. La historia de los pretendidos tesoros de Rennes-le-Château ha generado unos cincuenta libros, algunos de ellos defensores de hipótesis a cual más pintoresca y descabellada.

La historia del tesoro godo de Rennes está ligada a las fabulosas riquezas misteriosamente allegadas por Berenguer Saunière, párroco del pueblo entre 1885 y 1917. Cuando Saunière llegó al pueblo era un bien parecido y robusto pollancón de treinta y tres años que, como muchos otros hijos de campesinos modestos, había sido consagrado al sacerdocio más que por vocación, por imposición de unos padres deseosos de que el retoño despabilado progresara en la vida. No parece, por otra parte, que el voluptuoso y megalómano Saunière se adaptara bien a la vida ejemplar y modesta que corresponde a un cura rural. Era aficionado a la buena vida, a los placeres de la mesa, al buen vino, del que mantenía una espléndida bodega, se construyó una cómoda mansión, se rodeó de lujos, frecuentó amistades aristocráticas y no fue indiferente a los impulsos del amor humano (sin el que difícilmente, por cierto, se puede comprender el amor divino). Quiero decir que a poco de llegar al pueblo tomó a su servicio a una hermosa muchacha, Marie Denarnaud, que se convertiría en su amante y confidente, en la «señora del cura» como socarronamente la llamaban los feligreses.

Al principio, Saunière sobrevivió de sus exiguos ingresos como párroco de aldea, soportando grandes estrecheces. Pero en 1891 decidió emprender las inaplazables obras de restauración de la iglesia parroquial, que se encontraba en penoso estado. Al levantar una losa situada ante el altar mayor (losa que resultó estar decorada, por su cara oculta, con un bajorrelieve visigótico) apareció un puchero lleno de polvorientas monedas. Saunière despidió inmediatamente a los albañiles restando importancia al descubrimiento. Se trataba, les aseguró, de medallas de la Virgen, sin valor alguno. Prosiguieron las obras y al mover un balaustre de madera se descubrió que estaba hueco y escondía en su interior un cilindro en el que se guardaban ciertos pergaminos antiguos.

A partir de entonces, Saunière observó una extraña conducta. Sustituyó sus extenuantes expediciones cinegéticas por otras de prospección arqueológica en las que invariablemente se hacía acompañar por su fiel Marie. También se entregó a la labor de reorganizar el cementerio parroquial alterando la disposición de algunos enterramientos, lo que originó murmuraciones y protestas de los feligreses. Pero estas protestas se acallaron prontamente cuando Saunière comenzó a invertir grandes cantidades de dinero en el pueblo para financiar obras sociales. Primero acometió una serie de reformas innecesarias en la iglesia parroquial, amueblándola y decorándola con extrañas pinturas y esculturas en el más puro estilo *kitsch*, variedad religiosa de fin de siglo. Hombre aficionado al misterio, se hizo habilitar una habitación secreta en la sacristía.

Se ha calculado que el bizarro párroco debió derrochar el equivalente a unos miles de millones de pesetas en el corto plazo de veinte años. Además de las obras de la parroquia, adquirió los terrenos de alrededor y se edificó, en el ostentoso estilo del nuevo rico, una casa, un jardín y una hermosa torre en la que instaló una bien surtida biblioteca cuyos volúmenes hizo encuadernar lujosamente a un artesano traído al pueblo expresamente para ello. Como complemento de tanta ostentación de posibles, Marie, la fiel ama, vistió desde entonces con suma elegancia, a la moda de París, ignorando desdeñosamente las murmuraciones que sus nuevos atuendos suscitaban.

En 1901, el nuevo obispo de Carcasona, inmediato superior de Saunière, quiso conocer el origen de los recursos aparentemente inagotables del modesto cura rural. Como Saunière no acertase a ofrecer una explicación satisfactoria, el prelado lo acusó de traficar con misas a través de anuncios publicados en revistas religiosas. El proceso que siguió terminó con la absolución de Saunière, que al parecer contaba con apoyos en las altas esferas vaticanas. El tráfico de misas continúa siendo, no obstante, la explicación más racional del origen de las riquezas de Saunière.

Los casi treinta mil turistas que anualmente peregrinan a Rennes prefieren creer que los documentos que el cura encontró en el balaustre ahuecado de su iglesia lo condujeron al descubrimiento de un tesoro. Creen también que Saunière estuvo explotando este tesoro hasta su muerte pero que no llegó a agotarlo, y están convencidos de que la única persona que compartió su secreto fue su fiel Marie. La antigua ama del párroco solía repetir en su vejez: «La gente de este pueblo camina sobre oro sin saberlo.» Parece que prometió comunicar algún día sus secretos al matrimonio que cuidaba de ella, pero su inesperada muerte, acaecida en 1953, cuando contaba ochenta y cinco años de edad, le impidió cumplir su promesa.

Otras explicaciones del origen de las misteriosas riquezas de Saunière constituyen una delirante trama de historia-ficción. Recientemente algunos libros sensacionalistas han divulgado que los documentos descubiertos por Saunière contenían nada menos que el acta del matrimonio de Jesucristo con María Magdalena. A la muerte de su divino esposo, María Magdalena habría emigrado al sur de la Galia y habría establecido allí su dinastía, la *sang real*, o sangre real, que originaría el Grial. En el siglo V, el linaje de Jesucristo se enlazó con la casa de los francos, dando lugar a la estirpe merovingia. Esta dinastía se ha transmitido secretamente hasta hoy en ciertas ramas de la familia Plantard, actualmente promocionada por una sociedad secreta llamada Priorato de Sión, cuyo objetivo es resguardar y propagar, llegado su momento, el evangelio esotérico de san Juan. Se trata de un secreto transmitido por ciertas sociedades y por algunos europeos iniciados en la época de las cruzadas.

La más reciente hipótesis, que no será seguramente la última, ofrece una explicación menos disparatada. Según ésta, Saunière pertenecería a la orden Rosacruz y probablemente formaba parte de un movimiento católico destinado a infiltrarse en sectas masónicas para devolver al redil católico a los hermanos descarriados. Esta operación se denominaría Sodalitium Pianum y habría sido impulsada a partir de 1909. En cuanto a los documentos hallados por Saunière, serían de origen rosacruciano y demostrarían que existía un descendiente de Luis XVII, supuestamente muerto en el Temple a los diez años de edad. Quizá toda la fortuna de Saunière procedía del chantaje de los Habsburgo por parte de una organización que amenazaba con publicar estos compremetedores documentos que ponían en entredicho ciertos derechos dinásticos.

7. FERNANDO IV: EL REY QUE MURIÓ A PLAZO FIJO

Los reyes antiguos solían recibir un sobrenombre o apodo. Es un añadido muy útil puesto que nos sirve para distinguirlos cuando usan nombres muy repetidos: Alfonso X *el Sabio*; Pedro III *el Grande*; Pedro *el Cruel* o *el Justiciero*; Alfonso III *el Liberal*; Wifredo *el Velloso*; Carlos *el Temerario*; Enrique *el de las Mercedes*, etc. A Fernando IV, que reinó en Castilla desde 1295 hasta su muerte en 1312, se le denomina *el Emplazado*. Este extraño sobrenombre se basa en una leyenda que en su tiempo fue popular en España y dio origen a romances y coplas de ciego, aunque hoy sólo perdure en la memoria del pueblo de Martos, Jaén, que es donde ocurrieron supuestamente los hechos.

Estando el rey en Palencia se cometió un asesinato que conmovió a la corte. Un caballero principal llamado Juan de Benavides salía de noche de la posada real cuando fue asaltado por dos hombres embozados, probablemente asesinos a sueldo, que lo apuñalaron sin darle ocasión a defenderse y se dieron a la fuga. Todo ocurrió tan rápidamente que ninguno de los testigos presentes pudo identificar a los asesinos. Pareció que el crimen iba a quedar impune.

Tiempo después, el rey reanudó la guerra contra Granada. El objetivo de la campaña era conquistar la villa de Alcaudete. Las huestes reales acamparon en la vecina plaza fuerte de Martos antes de establecer el cerco. Fue allí donde la justicia presentó al rey a dos caballeros, los hermanos Pedro y Juan de Carvajal, sobre los que recaían ciertas sospechas de ser los asesinos del desventurado Benavides. El rey tenía prisa por llegar a Alcaudete, así que, aceptando como pruebas terminantes lo que sólo eran indicios, sentenció irrevocablemente pena de muerte e ignoró las angustiadas protestas de inocencia que le dirigían los acusados. Además, decidió que la forma de ejecución fuese tan terrible que sirviera de escarmiento a todo el que alcanzase noticia de ella. Los hermanos Carvajales serían encerrados en sendas jaulas de hierro guarnecidas interiormente de clavos y cuchillas y despeñados desde el precipicio de la Peña de Martos. Tan extraña e imaginativa muerte nos podría indicar que los Carvajales eran plebeyos. La segunda *Partida* decreta para el ajusticiamiento de traidores en tiempos de guerra: «Que se les corten las cabezas si fuessen fijosdalgo; e si de los otros, que les diessen la más estraña muerte que pudiessen.»

La Peña de Martos

La Peña de Martos es una montaña famosa por su eminencia. Un autor de fines del siglo XVI escribe: «En ella quiso mostrar la naturaleza la fuerza de todo su poder. Desde lo bajo hasta lo alto hay unos riscos y peñas tan fuertes y tan cortados que parecen puestos por mano de artífice.» En aquellas alturas, asomada a un despeñadero desde el que se atalaya el paisaje en muchas leguas a la redonda, levantaron los frailes calatravos una inexpugnable fortaleza para guardia y defensa de sus territorios. Las melancólicas ruinas azotadas por los vientos asombran todavía hoy al que se arriesga a la fatigosa caminata por el empinado sendero que conduce a la cima.

Cuando los Carvajales supieron que el rey los condenaba a muerte y la clase de suplicio que se les aparejaba, *viendo que los mataban con tuerto*, como dice el cronista, emplazaron solemnemente al rey para que compareciese ante el tribunal de la justicia divina para dar cuenta de aquel atropello a los treinta días de cumplida la sentencia.

En este punto hay que aclarar que las pruebas judiciarias o juicios de Dios fueron bastante comunes en la época medieval. Básicamente consistían en someter al reo a una prueba que facilitara la intervención divina, favorable o desfavorable, para demostrar a la sociedad si el acusado era culpable o inocente. De este modo, por directa intervención divina, la justicia humana entendía de qué parte estaba la razón. Por ejemplo, se hacía caminar al acusado con un hierro candente en la mano. Si a los tres días sanaba la quemadura se entendía que, siendo inocente, Dios había permitido que sanara; si por el contrario la mano seguía en carne viva, era porque Dios quería que lo declararan culpable. En este contexto podemos entender el emplazamiento de que fue objeto Fernando IV dentro de la mentalidad jurídica de aquel tiempo, aunque esta vez la muerte del rey pudiera entenderse como castigo divino más que como remedio de un yerro que era ya irremediable.

Los hermanos Carvajal fueron despeñados por el precipicio. Las jaulas en las que los habían encerrado rodaron con sus sangrientos despojos hasta el llano, donde silenciosamente se había congregado el pueblo de Martos a presenciar el cumplimiento de la sentencia.

Terminado el cruel espectáculo, el rey dispuso que el ejército reanudara su marcha hacia Alcaudete. Allí reforzó a las tropas que ya habían puesto sitio a la plaza y se hizo cargo de la dirección del asedio. Como era casi adolescente, soñaría con añadir su nombre a las glorias militares de Castilla y el ajetreo del campamento alejaría pronto de su corazón cualquier escrúpulo que pudiera albergar sobre la perentoria justicia que había administrado a los Carvajales.

A los pocos días, el rey enfermó gravemente de una misteriosa dolencia y hubo de retirarse a Jaén para recibir cuidados médicos. Al pasar por Martos levantaría la mirada para contemplar el inaccesible risco de la Peña y seguramente se dejaría ganar por los más funestos pensamientos. En el séquito real algún agorero supersticioso pensaría también que el rey iba a morir el fatídico siete de septiembre en que se cumplía el plazo señalado por los Carvajales. Sin embargo, para general satisfacción de sus leales súbditos, tales temores parecieron infundados. El joven rey fue recobrando la salud y cuando se cumplió el plazo que le habían concedido los Carvajales se encontraba totalmente recuperado. Aquel día comió y bebió con excelente apetito y hasta hizo gala de muy buen humor burlándose de los que habían temido por su vida. Luego se retiró a echar la siesta. Cuando sus criados fueron a despertarlo, lo encontraron muerto. Fernando IV comparecía ante el tribunal de Dios para dar cuenta de la muerte de los hermanos Carvajal.

Constitución enfermiza

¿Qué hay de cierto en esta leyenda? El relato aparece en la crónica de Fernán Sánchez de Tovar y es aceptado por algunos historiadores posteriores, entre ellos Argote de Molina, Garibay y Diego de Valera. Otros, como el padre Mariana, lo consideran legendario y falto de todo fundamento histórico. Los historiadores actuales están de acuerdo en que se trata de una patraña, aunque algunos de ellos, llevados por la fuerza de la costumbre, continúan llamando *el Emplazado* a Fernando IV. Por cierto que la misma o parecida leyenda del emplazamiento se ha aplicado, en distintos lugares y épocas, a otros reyes, entre ellos Felipe IV *el Hermoso* de Francia, del que tanto hablamos páginas atrás al tratar del tema de los templarios.

Las circunstancias que rodearon la muerte del joven monarca castellano pueden ser aproximadamente reconstruidas sobre noticias fidedignas. Este enclenque adolescente que ciñó la corona de Castilla a los diez años de edad y falleció a los veintisiete, tuvo un reinado breve pero turbulento. En su minoría de edad, las funciones de gobierno recayeron sobre su madre, la prudente doña María de Molina, que hubo de enfrentarse a la levantisca e intrigante nobleza. El hijo no siempre se le mostró agradecido por tantos desvelos.

En 1307, los asuntos internos de Castilla se habían asentado lo suficiente como para que el joven monarca pudiera ocuparse de guerrear contra Granada, último reducto musulmán en la península. La ocasión parecía especialmente propicia ya que Granada, crónicamente aquejada de problemas dinásticos, atravesaba por difíciles momentos.

Castilla concertó una alianza con Aragón (tratado de Alcalá de Henares, 1309) en virtud de la cual los dos reinos atacarían simultáneamente al de Granada allá donde más podía dolerle, en sus dos puertos más importantes. Castilla iría contra Algeciras y Aragón contra Almería.

Castilla no logró conquistar Algeciras pero consiguió Gibraltar. Al poco tiempo se firmaron treguas. Por el tratado de Algeciras, en 1310, el rey de Granada devolvía a Castilla las villas y lugares de Quesada, Bedmar y Alcaudete, que habían arrebatado a los cristianos durante la minoría de edad del monarca.

¿TROMBOSIS CORONARIA?

El joven rey de Castilla era un muchacho de constitución débil que había heredado la tuberculosis que afectó a su padre. Cuando todos sus asuntos parecían marchar viento en popa, cayó gravemente enfermo. Aunque escapó de la muerte, le quedaron secuelas importantes.

La mayor debilidad del reino de Granada consistía en su inestabilidad política. Los golpes de estado y luchas entre facciones palaciegas se sucedieron casi ininterrumpidamente en sus dos siglos y medio de precaria existencia. A principios de 1310 estalló una rebelión especialmente virulenta. El momento era propicio para que Castilla y Aragón interviniesen nuevamente en provecho propio. Pero Aragón estaba demasiado ocupado en sus intereses de Italia. Por lo tanto, Fernando IV decidió hacer la guerra en solitario. Las Cortes convocadas en Valladolid le concedieron un sufragio importante para que conquistase Alcaudete.

Ya conocemos el resto de la historia. El rey se sintió indispuesto, regresó a Jaén y falleció. El padre Mariana apunta que el joven monarca pereció víctima de sus excesos: «Entendióse que su poco juicio en comer y beber le acarrearon la muerte.» Probablemente se basa en una anotación de la antigua crónica según la cual el rey «non se queriendo guardar comía carne cada día e bebía vino» desatendiendo los consejos de los doctores, que le recomendaban moderación durante la convalecencia.

En 1912, el doctor F. Simón Nieto publicó una teoría sobre la muerte de Fernando IV que muchos historiadores actuales aceptan. Aparece en la obra *Una página del reinado de Fernando IV* (Valladolid, 1912). La tesis del doctor es que el mal que llevó al sepulcro al joven rey fue una «pleuresía con absceso de origen cavitario y abundante supuración», cuya secuela fue la «caída en el corazón de un trombus procedente del territorio pelviano, inflamado de antiguo», es decir, que Fernando IV murió de una vulgar trombosis coronaria como cualquier hijo de vecino y no porque Dios lo convocase a testificar en el caso de los Carvajales como sostiene la leyenda. Otra cosa sería que Dios hubiese permitido la trombosis, dado lo inescrutable de sus designios.

La Cruz del Lloro

Al margen de los hechos históricos, la romántica explicación de la muerte del joven rey ha persistido en la memoria del pueblo. En Martos podemos admirar todavía una antigua picota llamada «La Cruz del Lloro» que, según la tradición, señala el lugar exacto donde se detuvieron, después de rodar Peña abajo, las jaulas de hierro de los Carvajales. Cuando el dibujante francés Gustavo Doré pasó por Martos, hace ya más de un siglo, conoció la leyenda y se detuvo a dibujar la cruz que la conmemora sobre el romántico fondo nocturno de la Peña.

Otro testigo material de la leyenda perdura también en la vecina Jaén donde falleció el rey. La tradición sostiene que el cadáver del joven monarca se veló en el Arco de San Lorenzo. Este curioso monumento es el último resto de una antigua iglesia desaparecida en 1825. En realidad se trata de una formidable torre albarrana cuyo arco vuela sobre una de las calles más importantes de la ciudad medieval. Por una parte, el cabildo, con envidiable visión de futuro, consideraba inaplazable la construcción de un decoroso local que albergara a los Amigos de San Antón. Por otra parte, la primitiva iglesia de San Lorenzo se había quedado pequeña. El arquitecto encargado de su ampliación ideó apear la parte del ábside en una especie de torreón ultrasemicircular que salvara el doble problema que planteaban la calle adyacente –cuyo tránsito no podía cortar– y el desnivel del empinado terreno. Desaparecido hoy el cuerpo principal de la iglesia, el formidable estribo del arco de San Lorenzo ofrece una romántica estampa muy a propósito para albergar la leyenda y hasta el osario de aquel rey *emplazado* por consentir un error judicial. En el espesor del torreón se abre una capillita gótico-mudéjar especialmente notable por su cerámica.

8. ESPLENDOR Y CAÍDA DE LOS ALMOHADES

En el siglo IX, las tribus del Sahara se unieron en torno a un caudillo religioso y formaron un imperio que se extendía desde Zaragoza hasta el río Níger y desde Lisboa a los arenales de Libia. Pero aquellos coriáceos y fanáticos guerreros, en cuanto salieron del desierto y se dieron de bruces con las delicias de más generosas regiones, se olvidaron de sus ascéticas virtudes y abrazaron la vida muelle y viciosa de los pueblos conquistados. Es una cosa que suele acaecer a los conquistadores de nuestro hondo Sur, llamémoslo como lo llamemos: Tartessos, Bética, al-Andalus o Andalucía. Algo tendrá el agua cuando la bendicen. Tal actitud, positiva desde el punto de vista cultural o meramente existencial, se compagina mal con las virtudes guerreras. Por lo tanto, poco después, el imperio almorávide dio señales de descomposición interna: había llegado la hora del relevo.

Un asceta visionario llamado Ben Tumart apareció por las polvorientas calles de Marraquex, la declinante capital almorávide. Harapiento y descalzo, aquel poseído de Alá, no se cansaba de predicar por zocos y plazas. El carismático predicador de mirada febril hechizaba a sus heterogéneos auditorios cuando clamaba contra el lujo de los funcionarios y contra la corrupción de las costumbres de la corte mientras exhortaba a sus seguidores a perseverar por el recto camino del islam. Un día se atrevió a amonestar a la hermana del emir porque osaba exhibirse con el rostro descubierto.

Cuando el emir conoció lo ocurrido convocó a Ben Tumart a su presencia. El santón, lejos de amedrentarse ante el poderoso, aprovechó la ocasión para endosarle uno de sus sermones en el que le recordaba ásperamente la recta doctrina y le afeaba sus costumbres. Aunque algunos magnates, escandalizados por la osadía del predicador, pedían su cabeza, el emir se contentó con desterrarlo de la ciudad.

Entonces Ben Tumart subió a las montañas y fue a establecerse en Sus, entre los rudos montañeses de la tribu de Harga. Allí encontró terreno abonado para sus predicaciones. A poco lo seguía una muchedumbre fanatizada, que lo consideraba mahdí o enviado de Dios.

EL HIJO DEL SACRISTÁN

Ben Tumart había nacido hacia 1084 en el sur del Marruecos actual, en una aldea perdida en las montañas del Antiatlas. Desde su piadosa infancia de hijo del cuidador de la mezquita, se sintió atraído por los estudios teológicos, que luego proseguiría en Córdoba y en Oriente. Sus biógrafos intentaron demostrar que siendo joven había recibido lecciones del propio al-Gazali, al que visitó en Irak. También recibió enseñanzas de otros teólogos afamados en Bagdad y Alejandría. Finalmente, peregrinó a La Meca como buen musulmán, antes de regresar a Marruecos.

Ben Tumart vagó por todo el Norte de África predicando al sencillo pueblo y discutiendo con los juristas y teólogos. Las ideas que darían cuerpo a su doctrina se iban formando en estas charlas y predicaciones. Fruto de este diario contacto con la realidad fue un pensamiento ecléctico, basado en un conglomerado de doctrinas que reconciliaban las diversas tendencias dominantes en el islam. La idea básica de Ben Tumart era el *tawid* o unidad de Dios. Sus seguidores se llamarían *al-muwaidun* (los unitarios), de donde el vocablo «almohades» con que los conocieron los cristianos.

Ben Tumart rechazaba la interpretación literal del Corán practicada por los malikíes almorávides. Él preconizaba una interpretación alegórica completamente distinta. Pero además de las concepciones religiosas, almorávides y almohades diferían en otro factor decisivo: el étnico. Los almorávides eran bereberes del desierto, de la tribu de sinhacha, mientras que los almohades eran montañeses de la tribu masmuda.

En su camino hacia Marruecos, Ben Tumart acertó a pasar por una aldea llamada Mellala. Allí atrajo su atención un tal Abd al-Mumín ben Alí. Cuando supo a qué tribu y familia pertenecía, le anunció que era el elegido por el profeta para defender la religión en el fin de los tiempos. Al-Mumín aceptó la voluntad de Alá. A partir de entonces se convirtió en el más fiel discípulo del profeta y en su mano derecha. Siguió a Ben Tumart incluso en el destierro de Marraquex.

Es dudoso que Ben Tumart, un visionario probablemente algo desequilibrado, hubiese podido sentar las bases del imperio almohade por sí solo. Su figura tenía carisma y su esquemático mensaje era capaz de fanatizar muchedumbres, pero le faltaban visión de gobierno, previsión y prudencia. Estas cualidades las aportaría al-Mumín, el verdadero fundador de la dinastía. Quizá el genio de Ben Tumart consistió en descubrir a al-Mumín y convencerlo para que lo siguiera. Es curioso constatar que los grandes revolucionarios teóricos de la humanidad casi siempre han contado con prácticos hombres de acción que han hecho triunfar sus ideas. Este principio resulta especialmente aplicable al caso de las dos grandes religiones de Occidente, el cristianismo y el comunismo. La actividad misionera de san Pablo fue fundamental para la difusión de las doctrinas de Jesucristo, como la de Lenin lo fue para las de Marx, dicho sea salvando siempre las naturales distancias.

Una fuente árabe nos transmite este retrato de al-Mumín: «Tenía la piel blanca y los cabellos negros; su cuerpo, robusto pero de talla mediana, era de color encendido. Tenía el rostro bello y la voz clara, se expresaba con elegancia y de manera persuasiva. Era muy simpático. Nadie podía tratarlo sin llegar a ser su amigo. Tuvo dieciséis hijos.»

Cuando el emir almorávide supo que Ben Tumart se había proclamado mahdí y que sus seguidores aumentaban de día en día, comenzó a preocuparse. Las primeras tropas que envió contra los rebeldes fueron derrotadas. El prestigio de Ben Tumart iba en aumento y muchos descontentos comenzaron a unírsele para hostigar a los almorávides, entre ellos la tribu de hintata, una de las más importantes de la región.

Ben Tumart necesitaba una capital. Escogió un lugar llamado Tinmahal, en la cumbre de una escarpada montaña que podía ser defendida fácilmente. Como no estaba seguro de la lealtad de muchos de sus habitantes, hizo pasar a cuchillo a todos los sospechosos, y de esta manera dejó libres muchas casas y tierras para que sus seguidores pudieran instalarse. Luego fortificó la ciudad.

Este tipo de muestras de crueldad y desprecio de la vida humana no eran raras en Ben Tumart. En otra ocasión hizo degollar a un hombre por un motivo fútil, e hizo crucificar a un alfaquí que protestó porque tal castigo le parecía excesivo.

Los almohades necesitaban un gobierno. Ben Tumart nombró un Aytaxra o Consejo de los Diez, que incluía a sus hombres de confianza, entre ellos al-Mumín. También constituyó un Aytjamsin, o Consejo de los Cincuenta. Éstos eran jefes de tribus y familias. Finalmente hubo también un Aytsaben o Consejo de los Setenta. En esta organización estaba el germen del imperio que había de sustituir al almorávide en sus vastos dominios africano y europeo, pero antes de que tal sucesión ocurriera había que derrotar a los ejércitos de Marraquex.

La conquista

En 1129, Ben Tumart logró reunir a cuarenta mil hombres armados y los lanzó contra Marraquex pero la capital almorávide, protegida por sólidas murallas, era un objetivo demasiado ambicioso. A los veinte días de asedio una expedición de refuerzos atacó a los sitiadores y éstos se encontraron cogidos entre dos fuegos. El combate se prolongó hasta la tarde. La mortandad fue tremenda. La caballería almorávide batió sin dificultad –maniobrando en terreno llano– a las huestes de Ben Tumart, casi todas compuestas por montañeses habituados a combatir a pie. Sólo con la llegada de la piadosa noche, al-Mumín y los supervivientes del desastre pudieron escapar del acoso y regresar a las montañas. La noticia encontró a Ben Tumart gravemente enfermo y quizá precipitó su muerte. Poco antes de expirar pudo recomendar a al-Mumín como sucesor y añadió: «Nada se ha perdido, a él le está reservada la conquista.»

Las palabras del mahdí resultaron proféticas. Al-Mumín continuó guerreando contra el cada vez más debilitado imperio almorávide y le fue conquistando sus más importantes ciudades: Tlemecén, Fez, Agamat, Ceuta, Tánger..., además de fortalezas y puertos vitales. Finalmente, en 1147, cayó Marraquex, y con ella la mayor parte del imperio. El último emir, Ishaq ben Alí, fue decapitado.

Pero la herencia del imperio también traería aparejados los problemas que en los últimos años lo habían debilitado. En el Sur persistían algunas tribus rebeldes; en el Norte, los cristianos se habían instalado en una franja costera que amenazaba con convertirse en cabeza de puente para futuras conquistas. Los cristianos ambicionaban las rutas del oro y los esclavos, antes en poder de los almorávides.

Por el momento los problemas africanos eran tan graves que al-Mumín no podía ocuparse de al-Andalus, donde la decomposición de la antigua provincia almorávide en débiles reinos de taifas estimulaba la codicia conquistadora de los reyes cristianos. Alfonso VII de Castilla, apoyado por Génova, Pisa y Aragón, se apoderó del puerto de Almería (1147); Ramón Berenguer IV de Cataluña tomó Tortosa (1148) y Lérida (1149).

Al-Mumín, por su parte, no perdió el tiempo. Primero llevó a su ejército hacia el Este y pacificó el territorio de la actual Argelia, y, después de un breve respiro, Túnez y Libia hasta Trípoli. Mientras tanto, el partido almohade lograba que la autoridad del imperio fuese reconocida en Sevilla (1147), Córdoba (1149) y Badajoz (1151).

En 1157, al-Mumín volvió su mirada hacia la joya del imperio, su provincia andalusí, que se hallaba desunida y a merced de los cristianos. Algunos reyezuelos musulmanes reconocían la autoridad de Marraquex, pero otros eran vasallos de los reyes cristianos. La rápida recuperación de Almería, aquel mismo año, cimentó el prestigio de al-Mumín en la península. Las fugaces conquistas castellanas se desplomaron como un castillo de naipes y el rey Alfonso VII expiró debajo de una encina del puerto de la Fresneda cuando regresaba, pesaroso y enfermo, a Toledo.

En 1160, al-Mumín cruzó el estrecho y desembarcó tropas en Gibraltar. Su objetivo más inmediato era reducir a Ibn Mardanish, que había conseguido formar un reino a espaldas de los almohades al oriente de al-Andalus. En alguna ocasión sus tropas habían llegado hasta Carmona, cerca de Sevilla. Además, permitía que los cristianos utilizaran los puertos de Levante para actividades comerciales y piráticas que perjudicaban los intereses almohades.

El proyecto de al-Mumín era aniquilar a Ibn Mardanish y recuperar las tierras almorávides sometidas a los cristianos. Pero la muerte lo sorprendió y su hijo y sucesor Yusuf I (1163-1184) se tomó las cosas con más calma. Había sido gobernador de Sevilla y era hombre más inclinado al cultivo de las artes y a las ciencias que a las fatigas de la milicia. No obstante, aceptó el compromiso de reconquistar el territorio perdido y puso sitio a la fortaleza de Santarem, cerca de Lisboa. Su única empresa guerrera no pudo resultar más desastrada. Los sitiados hicieron una salida contra el campamento musulmán y un grupo de ellos atacó la tienda roja del emir. Yusuf I, herido de una lanzada en el bajo vientre, murió a los tres días. Se dice que tuvo una premonición de su muerte porque desde días atrás lo escuchaban repetir obsesivamente estos versos: «El día y la noche han arrollado lo que yo había desplegado, y las vírgenes de hermosos ojos no me reconocen ya.»

Le sucedió su hijo Yaqub (1184-1199), del que muchos jeques desconfiaban porque había observado hasta entonces una vida poco edificante. No obstante, el nuevo califa se atrajo a los descontentos con dádivas y promesas y supo ejercer el poder con sabiduría y firmeza. Favoreció la nueva administración de sus dominios y prohibió el lujo excesivo. Con el dinero que ahorraba impulsó las obras públicas, construyó una enorme mezquita en Rabat y acabó la Giralda de Sevilla, cuya construcción había comenzado su padre.

En Mallorca había perdurado una dinastía local almorávide dedicada principalmente al comercio y a la piratería. Eran tan atrevidos que llegaron a desembarcar en el Norte de África y tomaron Bujía y Argel. Estos problemas mantuvieron a Yaqub ocupado en África. Mientras tanto, la situación en al-Andalus se deterioró aún más. Los portugueses, auxiliados por cruzados europeos, tomaron Silves y amenazaban el Algarve, y Alfonso VIII de Castilla esquilmaba las ciudades musulmanas con abusivos tributos.

En 1191, Yaqub desembarcó en España con un gran ejército. En Sevilla recibió una embajada del rey de León con ofrecimiento de treguas. Yaqub aceptó y tuvo las manos libres para ocuparse de los portugueses y reconquistar Silves.

Pero la propia estructura del imperio almohade malograba las empresas de altos vuelos. En cuanto el emir ponía orden en un extremo, sus dilatadas posesiones se desordenaban por el extremo opuesto. Esta debilidad crónica de los grandes imperios de la antigüedad acabaría a la postre con muchos de ellos. El almohade no fue una excepción. Yaqub hubo de regresar a África para ocuparse de algunos graves asuntos; los reyes cristianos de la península continuaron acosando sus fronteras y Alfonso VIII de Castilla se atrevió a saquear los alrededores de Sevilla.

Era mucho más de lo que el irascible Yaqub estaba dispuesto a permitir. En 1195 volvió a pasar el estrecho con todo su poder, dispuesto a castigar la osadía de los castellanos.

La batalla de Alarcos

Los ejércitos almohade y castellano se enfrentaron el 18 de julio de 1195 en Alarcos, lugar a unos diez kilómetros de la actual Ciudad Real. Allí estaba construyendo Alfonso VIII una nueva ciudad que pensaba poblar con colonos traídos del Norte. El rey castellano estaba fortificando apresuradamente el lugar, pero cuando llegaron los almohades sólo había tenido tiempo de construir el castillo. Lo prudente hubiese sido retirarse hacia el Norte y aplazar el enfrentamiento, puesto que las tropas de León se dirigían a su encuentro para unirse a las de Castilla. Pero Alfonso VIII se empeñó tercamente en impedir que los almohades pisaran suelo castellano. La frontera teórica estaba establecida en El Congosto.

El ejército castellano fue aniquilado. A los errores tácticos cristianos habría que sumar los devastadores efectos de una nueva y mortífera arma almohade: un numeroso cuerpo de arqueros turcos contratados por Yaqub en Oriente. Estos individuos eran capaces de disparar sus flechas con impresionante potencia, puntería y cadencia de fuego, desde la misma grupa de sus cabalgaduras lanzadas a galope tendido. Los cruzados de Tierra Santa habían desarrollado ya tácticas capaces de contrarrestar este modo de combatir, pero para los castellanos constituyó una absoluta y dolorosa sorpresa.

Después de la batalla, los almohades saquearon el campamento cristiano. El rey de Castilla tuvo que huir para salvar su vida, dejando a muchos de sus caballeros tendidos en el campo. Fuentes musulmanas hablan de treinta mil muertos cristianos, lo que constituye evidentemente una exageración. El gran derrotado de aquel día fue el alférez real don Diego López de Haro, señor de Vizcaya, al que probablemente se debió el funesto plan de batalla. Cuando vio la jornada perdida, optó por refugiarse en el castillo. En adelante se vería pregonado de cobarde por los nobles castellanos.

Castilla había perdido prácticamente a todo su ejército. No pudo evitar que los victoriosos almohades progresaran hacia el norte conquistando hasta Guadalajara. Incluso la capital, Toledo, estuvo cercada durante un tiempo. Pero una nueva revuelta estalló en Marraquex y Yaqub tuvo que regresar apresuradamente a África. A poco, agotado por su trabajosa vida, murió. El imperio almohade no volvería a conocer un estadista de su talla.

A Yaqub le sucedió su hijo Muhammad al-Nasir (1199-1213), débil gobernante, acomplejado desde niño por su tartamudez. El nuevo miramamolín carecía de la energía necesaria para mantener a raya a sus revoltosos súbditos norteafricanos. Durante su reinado algunas provincias distantes de Marraquex alcanzaron virtualmente la independencia. En estos años Castilla se mostró inactiva. En realidad Alfonso VIII lamía sus heridas de Alarcos y preparaba el desquite. En cuanto se sintió recuperado se lanzó de nuevo a la conquista. Muhammad al-Nasir anhelaba seguir los pasos de su admirado padre y vencer a los castellanos nuevamente en otro Alarcos. Con este objetivo reunió un ejército más numeroso y mejor pertrechado que el de 1195 y cruzó el estrecho.

Las Navas de Tolosa

El día 16 de julio de 1212 amaneció particularmente caluroso. Los pasos del Muradal, en Sierra Morena, eran un hervidero de hombres y animales. El ejército almohade, el más numeroso que jamás reuniera el imperio, se enfrentó con el de los cruzados cristianos: una fuerza combinada donde además de castellanos combatían navarros, aragoneses y algunos voluntarios llegados de ultrapuertos. El choque se produjo cerca de la actual población de Santa Elena (Jaén). El ejército almohade resultó completamente derrotado. Al-Nasir escapó con vida y regresó a Marraquex inmediatamente. Abdicó en su hijo y después «se entregó completamente a los placeres, emborrachándose noche y día hasta la muerte. Fue envenenado por sus ministros, a quienes tenía la intención de ejecutar. Hicieron que una de sus mujeres le ofreciera una copa de vino envenenado».

La derrota de las Navas de Tolosa aceleró la descomposición del imperio almohade. Era inevitable que aquel heterogéneo conglomerado de tribus, sin más elemento de unión que el fanatismo religioso, acabara por disgregarse en cuanto sus individuos se desentendieron del misticismo original para darse a formas de vida más regalada y suntuosa. Exactamente el mismo fenómeno que había dado al traste con el imperio almorávide.

A Al-Nasir lo sucedió su hijo Yusuf II (1213-1223), habido de la cristiana Qamar. No es extraño que algunos califas almohades fuesen hijos de cristianas. Hay que tener en cuenta que en la mentalidad árabe la raza o religión de la madre era indiferente: la mujer era un mero recipiente donde el hombre engendraba la progenie que había de perpetuar su estirpe.

Yusuf II reinó diez años sin pena ni gloria, en relativa paz. Gran aficionado a los toros y a los caballos, se hacía enviar de al-Andalus los mejores ejemplares. Un día que estaba a caballo en medio de sus toros, quizá componiendo la anacrónica y bizarra estampa de un garrochista, una vaca brava arremetió contra él y le propinó una cornada en el corazón que lo mató en el acto. ¡Extraña y taurina muerte para un califa almohade!

Estos sucesos ocurrían en 1223. Para entonces la administración del imperio había escapado del control de Marraquex, donde las luchas e intrigas palaciegas entre pretendientes al trono mermaban los recursos económicos y humanos de aquel gigante en descomposición que era el imperio. Los gobernadores de las provincias dejaron de dar cuentas al poder central. El gran imperio se fragmentó.

En al-Andalus, el joven rey de Castilla Fernando III prosiguió la reconquista aprovechando las rencillas existentes entre los nuevos reyezuelos musulmanes que se dividían el territorio. Mientras tanto, en África las cosas fueron de mal en peor. El último califa, Abu-l-Alá Idris, descendiente del legendario al-Mumín, fue decapitado. Enviaron su cabeza al poderoso jeque de los meriníes, el nuevo poder que surgía de las cenizas del imperio almohade.

¿Qué resta hoy de las glorias almohades? Aquellos rudos e incultos montañeses del Atlas se dejaron ganar por la superior cultura y refinamiento de los pueblos conquistados y llegaron a producir un importante legado artístico. Almohade es, en el monasterio de las Huelgas, en Burgos, la espléndida capilla de la Asunción, que testimonia la admiración de los reyes de Castilla por el arte de sus enemigos musulmanes. También en las Huelgas podemos admirar el magnífico tapiz conocido como Bandera de las Navas. En Toledo podemos considerar obra típicamente almohade la sinagoga de Santa María la Blanca.

Si descendemos al antiguo territorio imperial, las obras se multiplican. Aparte de una gran cantidad de castillos, cabe destacar algunos recintos construidos según el lejano modelo de las murallas de Constantinopla. En Sevilla, la floreciente capital europea del imperio almohade, admiramos la Giralda, alminar de la mezquita mayor, que tiene dos hermanas igualmente bellas en Marraquex (la Qutubiya) y en Rabat (la inacabada torre de Hassán). Y almohade es también, finalmente, la famosa Torre del Oro, que sobre el espejo del Guadalquivir añora los bulliciosos días en que fue puerta de América.

9. VIKINGOS EN ESPAÑA

En el año 799 unas bandas de saqueadores procedentes del mar sembraron el terror en Aquitania. Las integraban unos guerreros altos y rubios que blandían espadas y afiladas hachas de combate. Aparecían inesperadamente, en sus largas y estilizadas embarcaciones de remo, con las que incluso remontaban los ríos, desembarcaban en las aldeas y en los monasterios, mataban, saqueaban, incendiaban y huían rápidamente, antes de que las ciudades pudiesen reaccionar. Aquellos piratas se harían pronto tristemente famosos en toda Europa. Los cristianos los llamaban *nordomanii* o *lordomanii* y los musulmanes *mayus* o «adoradores del fuego». Eran los vikingos.

Después de los saqueos de Aquitania, Carlomagno hizo todo lo posible por defender sus costas, pero era difícil encontrar una estrategia apropiada que contrarrestase las tácticas vikingas. Los diablos rubios mostraban especial predilección por el saqueo de los ricos monasterios e iglesias de los francos, casi todos ellos presas cómodas y sustanciosas puesto que eran ricos y se alzaban cerca del mar o a orillas de ríos, en lugares, por tanto, de fácil acceso para las veloces y ligeras embarcaciones de aquellos bárbaros.

Cuando los ataques se repitieron y fueron haciéndose cada vez más frecuentes, el pánico se adueñó de la tierra. En los rezos de algunas iglesias se incluyó la plegaria *A furore normanorum libera nos* (Señor, líbranos del furor de los normandos). Un cronista español los definiría como *gens pagana et nimis crudelissima*.

Los vikingos o normandos (hombres del Norte) procedían de Noruega, Dinamarca y, en menor medida, de Suecia. Hacia el siglo VII, la población de estos territorios había crecido por encima de lo que permitían sus recursos económicos, agrícolas y comerciales, de modo que a una parte importante de sus gentes no les quedaba más remedio que emigrar o perecer de hambre. A esta forzada emigración contribuían también causas sociales de distinta índole.

Al propio tiempo, un avance técnico fundamental iba a favorecer la expansión vikinga por lugares tan alejados de sus territorios: la incorporación de velas cuadradas abatibles a sus famosos barcos, los *drakars*. Hasta el siglo VII, los barcos vikingos se impulsaban exclusivamente a remo. Ahora aumentaban considerablemente su radio de acción y posibilidades marineras al combinar remo y vela. De este modo, siempre que era posible, los remeros descansaban. Estos navíos eran, además, extraordinariamente ágiles y flexibles y, en la época a que estamos aludiendo, su técnica constructiva había evolucionado considerablemente. De calado increíblemente bajo, hasta medio metro; muy estilizados, a menudo veinte metros de eslora por cuatro o cinco de ancho; podían transportar unos treinta y dos tripulantes que eran a la vez remeros, comerciantes y guerreros. La obra muerta del navío se reducía al mínimo. Ni siquiera necesitaban bancos para los remeros ya que cada hombre se sentaba sobre el cofre donde transportaba sus pertenencias y su botín. Los escudos, a falta de mejor emplazamiento, colgaban en los costados del navío, adornándolo de modo característico y elevando suplementariamente la borda. Estos navíos no precisaban de muelles ni instalaciones donde atracar: los embarrancaban en cualquier playa. De este modo podían aprovechar mejor la sorpresa y caían sobre aldeas o monasterios sin ser notados, mataban, saqueaban, cargaban el botín y empujaban sus navíos de nuevo al mar. Eran, por lo tanto, casi imposibles de localizar.

En lo que se ha venido a llamar «era vikinga», los hombres del Norte se atrevieron a explorar el Atlántico y colonizaron Islandia y Groenlandia. Incluso desembarcaron en América, que ellos llamaron Vinlandia, pero desistieron de establecer allí sus colonias cuando vieron que los indios eran pobres y belicosos. Por la parte de Oriente fundaron ciudades en Rusia y descendieron comerciando hasta Constantinopla, donde muchos se contrataron como guardia pretoriana del emperador. No hay que olvidar que además de guerreros fueron activos comerciantes. Por Occidente entraron en contacto con las islas británicas, con Francia, con la península Ibérica y, después de atravesar el estrecho de Gibraltar, se internaron por el Mediterráneo, mar de ricas y pobladas riberas y cómoda navegación para marinos hechos a las rudezas del Atlántico norte.

Vikingos en Asturias

En 841, los vikingos remontaron los cursos fluviales del valle del Sena y saquearon e incendiaron Rouen. A los pocos años le tocó el turno a París. Descendiendo por el Garona, llegaron hasta Toulouse. Probablemente fueran gentes de la misma expedición los que desembarcaron en el litoral asturiano, a la altura de Gijón. La crónica Albeldense lo registra puntualmente: «El tempore lordomanii primi in Asturias venerunt.» Esta vez parece que los vikingos encontraron la horma de su zapato en el rey asturiano Ramiro I, aquel cuya expeditiva justicia consistía en cegar a los ladrones y quemar a los que practicaban la magia. Ramiro I rechazó a los normandos, aunque no pudo evitar que algunos destacamentos desembarcaran por la parte de Galicia, no lejos de La Coruña, y devastaran la tierra destruyendo templos y cautivando sacerdotes.

En agosto del mismo año, 844, la expedición vikinga llegó a Lisboa por el estuario del Tajo, ya en tierra musulmana. Allí causaron muchos estragos en tres días de combates. El gobernador de Lisboa envió correos a Córdoba para avisar a Abd al-Rahman II de la llegada de unos piratas que presumiblemente continuarían hacia el Sur. En efecto, al poco tiempo los vikingos alcanzaron la desembocadura del Guadalquivir. Allí se dividieron en dos grupos: uno iría a saquear Cádiz, la bella ciudad víctima eterna de la piratería, y otro, compuesto de unos ochenta navíos, remontaría el río. En setiembre alcanzaron la Isla Menor, no lejos de Sevilla. Después saquearon Coria del Río, y pasaron a cuchillo a la población. Las noticias de la matanza provocaron una ola de pánico en la comarca. Una parte de la población de Sevilla abandonó la ciudad precipitadamente para refugiarse en Carmona, al amparo de sus excelentes murallas, y en otros lugares de la sierra. Finalmente, el primero de octubre, los vikingos atacaron Sevilla: «Imposible calcular el número de muertos y cautivos.» Las tropas del emir, muchas de ellas trasladadas precipitadamente desde sus guarniciones fronterizas del Norte, se enfrentaron con los normandos y les causaron las primeras bajas importantes, unos setenta muertos. Pero esta pequeña contrariedad no detuvo a los rubios saqueadores.

Abd al-Rahman II había solicitado ayuda a los Banu Musa de Tudela y a los muladíes aragoneses. Llegaron nuevas tropas para reforzar su ejército. Ante tal afluencia de soldados, los vikingos, prudentemente, se fortificaron en Tejada y allí sufrieron su primera derrota. Perdieron quinientos guerreros y cuatro embarcaciones. Añade el cronista: «Gran número de normandos fueron colgados en Sevilla y otros fueron crucificados en el acto sobre los troncos de las palmeras.»

Pero mejor será que sigamos un texto de cierto historiador andalusí: «Al unirse los fronterizos con los nuestros preguntaron aquéllos acerca del movimiento del enemigo, y éstos les hicieron saber que solían salir todos los días destacamentos en dirección a Firix y Lecant y hacia la parte de Córdoba y de Morón; preguntaron además si era posible preparar una celada escondiéndose en las inmediaciones de Sevilla y les indicaron la alquería de Qintos de Muafar, que está al sur de la ciudad. Fuéronse allá, pues, a medianoche, y pusiéronse en emboscada. En una iglesia antigua que había allí cerca hicieron subir a un vigía a la parte alta del edificio, llevando un haz de leña. Al apuntar la aurora salió de Sevilla un grupo de vikingos en dirección a la parte de Morón. Cuando estuvieron frente a la alquería, aunque hizo el vigía señal, se abstuvieron de salir los emboscados, a fin de que se fueran alejando, y una vez alejados se interpusieron entre ellos y la ciudad y los pusieron todos a degüello. En seguida se adelantaron los nuestros, entraron en Sevilla y encontraron al gobernador de la misma sitiado en la alcazaba. Él les salió al encuentro y los sevillanos volvieron a la ciudad. Además del destacamento que fue pasado a cuchillo habían salido dos destacamentos de normandos, uno a la parte de Lecant y otro a la parte de Córdoba; pero después que los normandos que estaban en Sevilla supieron de la arrogancia y avance del ejército y la muerte del destacamento que había salido hacia Morón, huyeron a sus naves y echaron río arriba hasta el castillo de Azaguac; encontraron a sus compañeros y una vez embarcados dieron la vuelta siguiendo la corriente río abajo. En esta situación se puso la gente a insultarlos y a arrojarles piedras con las hondas. Al llegar una milla más abajo de Sevilla dijeron en alta voz a los que los apedreaban: "Si queréis que haya rescate dejadnos." Cesó entonces la pedrea y ellos permitieron rescatar a los que tenían cautivos. La mayoría fueron rescatados pero no tomaron oro ni plata; solamente admitieron ropa y víveres.»

De este y otros episodios similares parece desprenderse que los principales aliados de los vikingos eran el factor sorpresa y la extraordinaria movilidad de sus barcos, que les permitía recalar en cualquier punto de las costas o remontar los ríos. En este sentido las palabras del erudito anglosajón Alcuino son reveladoras: «Nunca antes había surgido tal terror en Bretaña como el que ahora hemos sufrido de esta gente pagana. Ni se pensó que tal daño pudiera hacerse desde el mar.» El mar es la clave: los poderes de Occidente no estaban preparados para resistir ataques procedentes del mar.

Con todo, los vikingos mostraron un punto débil. Excelentes guerreros en combate individual, cuerpo a cuerpo, perdían gran parte de su eficacia cuando se veían obligados a enfrentarse a cuerpos de ejército organizados para la lucha en común.

En cualquier caso, como también eran mercaderes, los normandos supieron negociar tanto como combatir. Llegaron a un acuerdo con los musulmanes y a cambio de cesar en sus pillajes se les permitió que algunos grupos de colonos se establecieran pacíficamente en la Isla Menor. Éstos se convirtieron al islamismo y se dedicaron a lo que mejor sabían hacer: criar ganado y fabricar queso. Pero otros grupos continuaron sus ataques y saquearon Niebla, el Algarve y Beja.

El embajador y la reina

Seguramente el relato de la visita de un enviado de Abd al-Rahman a la corte vikinga es fabuloso. El historiador Lévi-Provençal lo considera una «fantasía inventada de pies a cabeza». Pero no por ello deja de ser extremadamente interesante y divertido. Para sus funciones de embajador, Abd al-Rahman escogió a la persona más idónea de su corte, el poeta e historiador jienense al-Gazal, que era famoso tanto por su belleza y apostura como por la astucia y fina inteligencia. Era, en fin, un hombre que, al decir del cronista, «sabía entrar y salir por todas las puertas».

La legación andalusí embarcó en Silves escoltada por una nave vikinga. Después de una azarosa navegación por mares nunca vistos, llegó a la sede del rey de los vikingos. Era «una gran isla en el océano donde había corrientes de agua y jardines». Estaba cerca de otras islas grandes y pequeñas y de un continente: «Es aquél un gran país que exige muchos días para recorrerlo. Sus habitantes eran entonces paganos, pero ahora son ya cristianos pues han abandonado el culto del fuego que era su religión.»

El rey normando mandó agasajar espléndidamente a al-Gazal y su séquito, pero los recién llegados, antes de comparecer ante el rey, exigieron que no se les obligara a inclinarse en su presencia aduciendo que esto era contrario a sus costumbres. El rey de los normandos pareció estar de acuerdo. Cuando los andalusíes llegaron a la sala del trono encontraron que el dintel de la puerta de entrada era tan bajo que no había más remedio que inclinarse al entrar. El ingenioso al-Gazal supo eludir este obstáculo. Ni corto ni perezoso, se sentó en el suelo y entró de esta guisa, bien erguida la cabeza, aunque presentando el trasero, hasta que, traspasada la puerta, pudo incorporarse.

La astucia normanda de bajar la puerta nos parecería enteramente pueril y fantástica si no fuera porque en nuestros días es todavía practicada por un déspota de cierto país norteafricano cuando recibe a los mandatarios europeos.

El rey vikingo se percató de que al-Gazal era un hombre de gusto y de recursos, y ello le agradó. Dijo a los suyos: «Teníamos intención de humillarlo pero él se ha tomado la revancha mostrándonos la planta de sus pies: acto que sería ofensivo si no proviniese de un embajador.»

Al-Gazal leyó la carta que enviaba Abd al-Rahman e hizo entrega al rey de los regalos que portaba: telas preciosas y productos manufacturados de los talleres de al-Andalus.

En el tiempo que se demoró la embajada en tierra de los vikingos, al-Gazal hizo muchas amistades entre los nativos. Tan a gusto se sentía entre los sabios, disputando con ellos sobre asuntos de conocimiento, como en la palestra, donde medía sus fuerzas con los guerreros del país. La reina de los vikingos lo recibió y se prendó de él dejándose ganar tanto por la apostura del andalusí como por los zalameros halagos con que ponderaba la belleza de la dama. «¿Era la reina de los vikingos tan hermosa como tú le asegurabas?», le preguntaron sus amigos al regreso. «¡Hombre! –contestó al-Gazal–, fea no era; pero, a decir verdad, yo la necesitaba y al halagarla de aquel modo gané su aprecio y alcancé de ella más de lo que esperaba.»

En efecto, prosigue el cronista, la esposa del rey de los vikingos simpatizó de tal manera con al-Gazal que no podía pasar un día sin verlo. Si no iba él, ella mandaba llamarlo y pasaban algún tiempo charlando y él le hablaba de los musulmanes y de su historia, del país que habitaban y de los pueblos de la comarca y, por lo general, después de haberse despedido de ella para volver a su residencia, la reina le enviaba un regalo, consistente en telas, manjares, perfumes o cosas parecidas. Estas visitas frecuentes dieron lugar a murmuraciones en la corte de los vikingos: los compañeros de nuestro embajador le aconsejaron que fuese más prudente, y como él comprendiera que podían tener razón, en adelante procuró espaciar sus visitas a la reina. Cuando ella inquirió por la razón de tal mudanza, él no se la ocultó. Su respuesta le hizo sonreír: «Los celos no existen en nuestras costumbres. Entre nosotros, las mujeres no están con sus maridos sino mientras ellas lo tienen a bien, y una vez que sus maridos han dejado de agradarles los abandonan.»

Verdaderamente, el relato de la embajada de al-Gazal constituye el más remoto precedente de la tópica aventura veraniega entre la hermosa y liberada nórdica de rubios cabellos y el tan zalamero como apasionado *latin lover* de las playas mediterráneas.

ARTILLERÍA NAVAL

La memorable incursión de los normandos contra Sevilla sirvió para que el emir de Córdoba se percatase de la indefensión en que se hallaban sus fronteras marítimas ante aquel tipo de agresiones. Como buen gobernante, se aplicó diligentemente a poner los medios para que el descalabro no volviera a repetirse: hizo amurallar Sevilla y construyó las atarazanas reales que habrían de dotar a al-Andalus con una flota de guerra capaz de evitar futuros ataques por mar. Esta flota fue dotada de una especie de artillería de fuego, probablemente inspirada en el famoso «fuego griego» de los bizantinos. Conviene recordar que Abd al-Rahman mantenía cordiales relaciones con el emperador de Bizancio –¿será necesario aclarar que el embajador de Córdoba en Bizancio fue nuestro buen amigo al-Gazal?–. Pero regresemos a la artillería de fuego. Dice la crónica que el emir «reclutó marinos de las costas del país y les dio buenos sueldos y proveyó de máquinas para arrojar betún ardiendo. De este modo, cuando los normandos hicieron su segunda incursión, en el año 244 de la Hégira –866 de Cristo–, en tiempos del emir Mohammad, la escuadra musulmana les salió al encuentro en la desembocadura del río de Sevilla y los pusieron en fuga: les quemaron algunas naves y se marcharon».

A medida que se extendían las noticias sobre las ricas e indefensas tierras de Europa, eran más numerosos los barcos vikingos que se arriesgaban en expediciones piráticas. El día de Pascua de 845, unas ciento veinte naves asaltaron París y la saquearon tan concienzudamente que incluso arrancaron las vigas de los artesonados de la iglesia de Saint-Germain-des-Prés para adornar con ellas los mascarones de sus naves.

En 858, o al año siguiente, los vikingos volvieron a visitar las costas cantábricas con unas sesenta y dos naves que transportaban, según las hiperbólicas fuentes cristianas, cerca de cuatro mil hombres. Los mandaba el jefe noruego Hasting. El rey de Asturias, Ordoño I, acudió a rechazarlos como antaño su padre.

La expedición normanda siguió el camino de la anterior y descendió por las costas atlánticas sembrando el terror en las poblaciones del litoral. Cuando se proponían remontar el Guadalquivir en busca de las fértiles llanuras béticas, se toparon con la flamante escuadra andalusí y con sus terribles máquinas de fuego. Algunas embarcaciones vikingas resultaron incendiadas; las restantes, prudentemente, se batieron en retirada y enfilaron sus proas hacia aguas menos defendidas. Poco después se registra un desembarco en Algeciras, cuya mezquita mayor incendiaron. Los saqueos prosiguieron por el Norte de África y Baleares.

Es probable que algunos barcos de esta misma expedición remontasen el Ebro. En cualquier caso, los vikingos alcanzaron Pamplona y apresaron a Sancho García, por cuyo rescate obtuvieron la respetable cifra de noventa mil dinares.

De los saqueos de distintas localidades catalanas ha quedado constancia en el testimonio de un monje que escribe: «Vinieron los paganos y saquearon la villa entera y también devastaron la tierra los piratas. Sus habitantes fueron cautivados o abandonaron sus haciendas para emigrar a otros lugares.»

Aquellos normandos prosiguieron sus correrías por las costas de Provenza y alcanzaron Italia. En 861, a los tres años de iniciada la expedición, habían acumulado tanto botín que decidieron regresar. Pero ni todos los hombres ni todas las riquezas que volvían llegaron a los fiordos noruegos, pues por el camino hubieron de afrontar grandes tempestades y ataques armados de otros piratas, codiciosos de la riqueza que transportaban.

No fue esta expedición la que más profundamente se aventuró por aguas mediterráneas. Hay constancia de otra que alcanzó las islas griegas. En cualquier caso estas regiones no eran totalmente desconocidas para los vikingos puesto que, como vimos antes, muchos de ellos militaban en el ejército bizantino. Paralelamente, un activo comercio se desarrollaba en las rutas fluviales entre Escandinavia y Constantinopla, a través del Este. Este tráfico explica la presencia de monedas bizantinas en los yacimientos arqueológicos de Suecia.

En Occidente, el pánico a los vikingos era generalizado. Hacia 860, Ermentario de Noirmoutier escribía: «El número de barcos aumenta, la plétora sin fin de los vikingos no deja de crecer. Los cristianos son víctimas por doquier de la matanza, el fuego y el pillaje. Los vikingos arrasan todo lo que encuentran ante ellos y nadie puede detenerlos.»

Es evidente que los contingentes normandos en liza eran cada vez más numerosos, incluso si tenemos en cuenta que las cifras transmitidas, todas por el bando que los sufría, deben ser considerablemente exageradas. Por ejemplo, se nos dice que en 885 un tal Sigfrido fue derrotado cuando asedió París con setecientas naves y cuarenta mil hombres. Aunque la cifra verdadera sólo fuera una décima parte, al historiador, acostumbrado a las sangrientas proezas de los vikingos, lo asalta la sospecha de que el jefe Sigfrido debía ser muy lerdo.

Cuando las expediciones se hicieron más prolongadas, porque apuntaban a objetivos lejanos, los vikingos tuvieron que invernar en tierras extrañas. Acabaron trasladándose con sus familias a las improvisadas bases y construyeron asentamientos fortificados más o menos permanentes. Éste fue el primer paso para establecerse definitivamente y colonizar nuevas tierras. Lo que aquella expedición al Guadalquivir logró por concesión de Abd al-Rahman, fue conseguido por otra mucho más numerosa del rey inglés, creando la llamada *Danelaw*, y otra, en 911, en Normandía (que de ellos tomó su nombre actual). El noruego Rollo, jefe de esta última, se comprometió ante Carlos el Simple a defender el litoral de todo el país.

En 968, o poco después, una expedición partida de Normandía atacó el litoral cantábrico y saqueó Santiago de Compostela. No pasaría mucho tiempo antes de que el contacto con la cultura francesa, por una parte, y su inevitable conversión al cristianismo, por otra, atemperaran la fiereza de estos vikingos meridionales.

En 1016 se registra un ataque a las costas gallegas durante el cual el obispo de Tuy fue capturado con todos sus rebaños.

La última expedición pirática de importancia contra las costas españolas acaeció mediado el siglo. Ésta correría peor suerte que las precedentes, pues se topó con las aguerridas tropas de Crescenio, obispo de Santiago.

Por este tiempo, el caudillo normando Roger de Toeni, al servicio de Ermesinda, condesa regente de Barcelona, combatió contra los musulmanes en Levante y las Baleares. Otro contingente vikingo participó en la conquista de Barbastro (1064).

Todavía hoy, los arqueólogos nórdicos descubren, en los poblados que excavan, tesoros de monedas bizantinas o andalusíes, éstas en menor cantidad. Las llevaron allí, desde miles de kilómetros de distancia, hace mil años, sus inquietos, audaces y emprendedores antepasados los vikingos.

10. LA VIOLACIÓN DE FLORINDA Y LA PÉRDIDA DE ESPAÑA

Cuentan las crónicas que en la corte del rey Rodrigo había una muchacha llamada Florinda o la Cava que se distinguía por su singular belleza. Era hija del conde don Julián, gobernador de Ceuta y uno de los hombres más poderosos del reino godo.

Tuvo Florinda la desgracia de que el rey Rodrigo se prendara de ella un aciago día en que la vio salir del baño ligera de ropa o quizá en sus cueros. Algunos romances sugieren que el enamoramiento se produjo cuando la muchacha estaba «sacándole al rey aradores con un alfiler de oro». Esta versión es muy romántica. El arador es el ácaro que produce la sarna, padecimiento muy extendido en aquellos tiempos, poco proclives a la higiene.

Fuera de un modo o de otro, lo cierto es que la contemplación de la bella inspiró no tanto amor como pasión al joven y fogoso monarca, cuya virtud no fue ciertamente la continencia. Es un hecho probado, incluso en casos de la historia reciente, que cuanto menos inteligentes son los reyes más rijosos salen. Este axioma no es solamente aplicable a los Borbones, como querían los liberales decimonónicos.

Después que el rey –continúa la crónica– hubo descubierto su corazón a la Cava (es decir, después que le hubo declarado su amor o deshonesta intención), no había día que no la requiriese una vez o dos, pero ella se defendía con buenas razones. Finalmente, tanto se obsesionó Rodrigo con la chica que un día, en la siesta, la hizo venir a la alcoba real donde intentó vencer su honesta resistencia con dádivas y promesas. En vano gastó su prosa el taimado monarca para doblegar la berroqueña virtud de la muchacha: finalmente hubo de obtener por la fuerza lo que de grado no lograba, es decir, la violó.

Florinda disimuló su ultraje hasta que tuvo ocasión de informar a su padre, el conde don Julián. También el conde supo disimular el deshonor que había caído sobre su linaje. Preparó su venganza en secreto, conchabado con los hijos de Witiza, el anterior rey godo destronado por Rodrigo.

Los conjurados entraron en tratos con los musulmanes que habían llegado a Marruecos, y se ofrecieron a facilitarles la conquista de España. Cruzaron los moros el estrecho y se enfrentaron al rey Rodrigo en el río Guadalete o en la laguna de la Janda. Pero apenas comenzada la batalla, los hijos de Witiza y el conde don Julián se pasaron al enemigo con todas sus tropas. Don Rodrigo y los godos fueron derrotados y los moros conquistaron, con sorprendente facilidad, todo el reino.

Así nos contaban, hace medio siglo, la leyenda de los amores de don Rodrigo y la pérdida de España. La historia de la Cava gozaba de especial popularidad entre la media docena de leyendas que configuran la visión más ingenua y anecdótica de la historia peninsular.

Esta conveniente leyenda, en otro tiempo casi unánimemente aceptada tanto por los historiadores árabes como por los cristianos, se tiene hoy por fabulosa y completamente ajena a los hechos. En realidad procede de un relato de las *Eddas* escandinavas, según el cual el rey sigurdo Aleva fue traicionado por su ministro Thork en venganza porque le había violado a la santa esposa. En el caso español es posible que la leyenda, que ya pertenecía al folklore de los godos, fuese adoptada por el partido vitiziano, enemigo del rey Rodrigo, para disculpar su cómplice participación en la ruina del reino godo de España.

La existencia histórica del conde don Julián queda fuera de toda duda, pero la de su hija Florinda parece más problemática. Ni siquiera en su nombre concuerdan las fuentes. La *Crónica General* y algunas crónicas árabes la llaman la *Caba* o *Cava*. Algunos autores han querido ver en esta denominación una presunta etimología árabe que significaría «prostituta fina», lo que no concuerda del todo con el fondo de la leyenda en la que la Cava resulta ser doncella violada muy en contra de su voluntad. En otros textos se llama Alacaba, Frandina, Oliba y Florinda.

Las fuentes tampoco se ponen de acuerdo sobre las circunstancias y el lugar donde ocurrió la violación. En la versión más extendida parece que fue en el palacio real, es decir, en Toledo, pero otros opinan que fue en Sevilla, probablemente en primavera, tan propicia a las efusiones amorosas, y añaden que el rey, que sólo conocía la hermosura de la Cava de oídas, había convocado al conde don Julián y a su familia con el pretexto de una fiesta. Efectivamente ofreció una fiesta en la que algunos sicarios de su confianza mantuvieron entretenido al conde don Julián mientras el taimado Rodrigo violaba a la muchacha en un aparte. Pero no acaba aquí la confusión. En algunas versiones, la Cava no es hija sino esposa del conde don Julián, y en otras no es don Rodrigo el malvado rey que la atropella, sino Witiza, su antecesor.

La figura del conde don Julián es, si cabe, más compleja. De él tenemos una serie de hipótesis que han ido construyendo los historiadores a partir de un puñado de citas dispersas en crónicas a menudo contradictorias.

La primera mención histórica de don Julián corresponde al año 682, que es cuando la oleada islámica alcanza el Magreb. En esta fecha, don Julián era señor de la Jebala, una amplia región montañosa en el Norte de África. La principal ciudad de la Jebala era Tánger. El territorio estaba poblado por bereberes, pero al parecer don Julián no era beréber.

El conde don Julián evitó enfrentarse a los conquistadores islámicos y prefirió pactar con ellos. Probablemente reconoció la autoridad islámica y, a cambio, lo mantuvieron en su puesto. Todavía habían de transcurrir veinte años antes de que Tariq y Muza conquistasen la región de manera efectiva y sus habitantes bereberes se convirtiesen al islam.

Pero regresemos a la Jebala del año 682. Al menos una importante plaza de la región no pertenecía a don Julián: Ceuta. Allí habían instalado los bizantinos una importante posición cuya finalidad era controlar la navegación por el estrecho de Gibraltar, objetivo prioritario de la política exterior bizantina desde Justiniano. Seguramente el conde don Julián mantenía relaciones de buena vecindad con los bizantinos. Es posible incluso que colaborara estrechamente con ellos en sus empresas comerciales. Algunas fuentes nos presentan al conde don Julián como un rico mercader que disfrutaba del monopolio de los intercambios comerciales entre las dos orillas del estrecho. Incluso se señala que poseía cuatro barcos para el transporte de mercaderías entre los dos continentes. Es posible que hoy nos parezcan medios modestos, pero entonces probablemente el que poseía un barco podía dárselas de potentado.

La habilidad de don Julián para entenderse con todo el mundo y mantener relaciones cordiales con los godos, con los árabes y con los bizantinos concuerda muy bien con el carácter y destreza de un buen comerciante.

Los asuntos de Bizancio no marchaban bien en esa época. El emperador Justiniano había soñado con extender su poder por todo el Mediterráneo, emulando y aun superando a sus antecesores en el imperio, los romanos. Pero Bizancio distaba mucho de ser Roma. La dura realidad era que la metrópoli se debatía en un mar de problemas de difícil cuando no imposible solución, eternamente desgarrada por las luchas civiles, mientras una amenazadora marea de pueblos hostiles se remansaba en sus mal consolidadas fronteras. El tapiz del imperio, apenas acabado de tejer un siglo antes, comenzó a desflecarse por los bordes, es decir, por las posiciones más distantes, entre ellas Ceuta. En 698 los bizantinos evacuaron el Norte de África, abandonándolo a los árabes, y a poco hicieron lo propio con Ceuta, que había quedado aislada en el extremo occidental. El conde don Julián pudo ocupar el espacio que dejaban los bizantinos. Seguramente instalaría en Ceuta guarnición propia. Incluso es posible que previamente hubiese llegado a un acuerdo con Bizancio y que recibiese alguna titulación honorífica como representante del imperio en la lejana Jebala. En cualquier caso, es más que dudoso que el conde don Julián fuese bizantino como algunos han sugerido. Más bien sería un hispanorromano o afrorromano o, incluso, godo. El caso es que siempre mantuvo amistosas relaciones con los reyes visigodos de España y que era un buen conocedor de Toledo y de las otras ciudades y caminos del reino visigodo. Sus valiosos informes facilitarían mucho la labor a los invasores islámicos de 711.

LA TRAICIÓN DE DON JULIÁN

Y ahora llegamos al punto más debatido de la cuestión. El asunto de la violación de Florinda y la traición del conde don Julián. Si nos ceñimos a los datos históricos, la versión tradicional de los hechos resulta inadmisible, puesto que el pacto de don Julián con el árabe Muza ocurrió en 709, cuando el rey Rodrigo aún no había ascendido al trono. La hija de don Julián iría a educarse a Toledo después de la coronación de Rodrigo. Por lo tanto es forzoso ver –hasta donde las confusas fuentes lo permiten– la traición de don Julián como un episodio de la rivalidad entre grupos políticos. En la oposición a Rodrigo se aglutinarían diversas facciones de descontentos, entre ellos los parientes y amigos de Witiza, el rey anterior. Cabe dentro de lo posible que las primeras tropas musulmanas desembarcadas en la península lo hicieran en calidad de aliadas del partido vitiziano, que pretendía derrocar a Rodrigo. Lo que pudo ocurrir, y tantas veces ha ocurrido en la atormentada historia de España, particularmente cuando los implicados son árabes, es que los aliados de un momento se prendasen de estas tierras y decidiesen apropiárselas. Como nadie escarmienta en cabeza ajena, los godos habían olvidado ya una experiencia parecida de su pasado más reciente, cuando, en ocasión de una guerra civil, uno de los bandos requirió el auxilio del emperador de Bizancio. Aquella aventura acarreó el dominio bizantino de una amplia franja de la costa comprendida entre Cádiz y Levante durante setenta años. La situación era ahora muy parecida, con la única diferencia de que los bizantinos nunca consiguieron, como los musulmanes, extender su conquista a toda la península.

La historia de la violación de Florinda y la consiguiente venganza de su padre pudieron ser una versión exculpatoria divulgada por el propio partido vitiziano, abrumado por las nefastas consecuencias de su alianza con los árabes.

El asunto es, como puede verse, bastante complejo, pero puede complicarse todavía más. Este mismo conde don Julián es identificable con otro personaje africano, un noble católico llamado Urbano o quizá Olbán, que se menciona en 754 como consejero de los árabes que invadieron España.

A pesar de estas precisiones, que lejos de disipar nuestras primeras dudas nos las acrecientan, la persistencia de la leyenda de la Cava en la insobornable memoria del pueblo es notable. En Toledo, orilla rumorosa del Tajo, existe un torreón que llaman Baño de la Cava al que la tradición señala como la atalaya desde la cual el rijoso don Rodrigo contempló la espléndida desnudez de la muchacha. En Málaga, una puerta del recinto murado lleva también el nombre de la Cava porque por ella quiere la tradición que saliera la joven cuando se embarcó para comunicar a su padre que el rey la había desgraciado. Otras puertas y torreones en diversos recintos españoles llevan el mismo nombre, quizá porque antiguamente se llamaba Cava al foso que los precedía. Cava viene a ser «lugar donde se ha excavado».

Más interesante y enigmática es la leyenda conservada en el bello pueblecito de Pedroche, en la Sierra Morena cordobesa, no lejos del antiguo camino califal que unía Córdoba y Toledo. Dicen que después de la pérdida de España, la hermosa Cava se refugió en Pedroche y allí vivió el resto de sus días, murió y fue sepultada. Se encerró en un antiguo convento donde llevó una vida de penitencia y virtudes porque su belleza había sido causa indirecta de la pérdida de España. Efectivamente, en Pedroche existió una comunidad religiosa cuya sede mostraba hasta nuestro tiempo vestigios que atestiguaban su remota antigüedad.

En cuanto a la suerte de Rodrigo, corrieron versiones muy distintas, todas ellas tardías y poco fiables. Para unos pereció en la batalla, quizá ahogado por el peso de sus armas al caer al agua. Incluso añaden que los vencedores que buscaron su cadáver sólo pudieron encontrar su caballo, su manto y su corona, semienterrada en las arenas fluviales. Pero según otra versión consiguió huir del desastre y se refugió en el convento de Viseu, en Portugal, donde siglos después salió a la luz una conveniente inscripción que rezaba: *Hic requiscit Ruduricus, ultimus rex gothorum* (Aquí yace Rodrigo, último rey de los godos).

BIBLIOGRAFÍA ESPECÍFICA

Atienza, Juan G., *La rebelión del Grial*, Martínez Roca, Barcelona, 1985.
- *Guía de la España griálica*, Arín, Madrid, 1988.
- *La meta secreta de los templarios*, Martínez Roca, Barcelona, 1979.

Bordonove, Georges, *La vida cotidiana de los templarios en el siglo XIII*, Temas de Hoy, Madrid, 1989.
Borst, Arno, *Les cathares*, Payot, París, 1978.
Cahiers de Fanjeaux, *Cathares en Languedoc*, Privat Éditeur, París, 1978.
Demurger, Alain, *Auge y caída de los templarios*, Martínez Roca, Barcelona, 1986.
Eslava Galán, Juan, *El enigma de la mesa de Salomón*, Martínez Roca, Barcelona, 1988.
Le Roy Ladurie, Emmanuel, *Montaillou, aldea occitana de 1294 a 1324*, Taurus, Madrid, 1981.
Lomax, Derek W., *Las órdenes militares en la península Ibérica durante la Edad Media*, Instituto de Historia de la Teología Española, Salamanca, 1976.
Markale, Jean, *Rennes-le-Château et l'enigme de l'or maudit*, Pygmalion, París, 1989.
Matthens, John, *El santo Grial*, Debate, Madrid, 1988.
Mastro, Maria, *Dossier templari (1118-1990)*, Edizioni Templari, Roma, 1991.
Nelli, René, *Écritures cathares*, Planète, París, 1978.
Partner, Peter, *El asesinato de los magos. Los templarios y su mito*, Martínez Roca, Barcelona, 1987.
Perlesvaus o El alto libro del Graal, Siruela, Madrid, 1986.

Rahn, Otto, *Croisade contre le Graal*, Stock, París, 1974.
Roquebert, Michel, *Cathar religion*, Loubatières, Toulouse, 1989.
Ruiz de la Puerta, Fernando, *La cueva de Hércules y el palacio encantado de Toledo*, Editora Nacional, Madrid, 1977.
Runciman, Steven, *La caída de Constantinopla*, Espasa-Calpe, S. A., Madrid, 1973.

Índice onomástico

Aarón: 46.
Abdallah Ben Abdelhaben: 128.
Abd al-Mumín ben Alí: 149, 151, 152, 156.
Abd al-Rahman II: 161, 162, 164, 165, 166, 169.
Abderrahmen: 128.
Abu-l-Alá Idris: 156.
Alarico II: 129, 130.
Albrecht (poeta): 88.
Alcuino: 163.
Alejandro Magno: 68.
Aleva: 172.
Alfonso II *el Casto* de Asturias y León: 36.
Alfonso I *el Batallador* de Aragón: 36.
Alfonso V *el Magnánimo* de Aragón y Cataluña: 85.
Alfonso VII *el Emperador* de León y de Castilla: 37, 151, 152, 153, 154.
Alfonso VIII de Castilla: 155.
Alfonso X *el Sabio* de Castilla: 139.
Alfonso III *el Liberal*: 139.
Alí, Ishaq ben: 151.
Alviti, Pedro: 37.
Angélico, Giovanni da Fiésole, *llamado* Fra: 96.
Arcis, Huges de: 101.
Argote de Molina, Gonzalo: 142.
Arturo I de Gales: 67, 68, 69, 70, 71, 72, 73, 74, 75, 76, 77, 78, 79, 80, 82, 84.
Arturo II de Gales: 74.
Auduberto (obispo): 87.

Bachofen, Johann Jakob: 59.
Balduino II de Jerusalén: 15.
Balduino IV de Jerusalén: 34.
Barruel, Agustín de: 55, 61.
Bedivedere (caballero): 71.

Belbir, Bartolomé: 48.
Bellomonte, Esteban de: 38.
Ben Abdelhaken: 128.
Ben Aben al-Hakam: 127.
Benavides, Juan de: 139, 140.
Ben Qutaiba: 127.
Ben Tumart: 147, 148, 149, 159, 151.
Bernardo de Claraval, san: 16, 96.
Blasco, Raimundo de: 101.
Bocchiardo, hermanos: 112.
Bodin, Jean: 51.
Borbones, los: 171.
Borges, Jorge Luis: 128.
Bron, *llamado* el Rico Pescador: 81.

Cagliostro, Alessandro: 54.
Campoello, Fernando: 62.
Carlomagno: 68, 73, 159.
Carlos *el Simple*: 169.
Carlos *el Temerario* de Borgoña: 139.
Carvajal, Juan de: 140, 141, 142, 144.
Carvajal, Pedro de: 140, 141, 142, 144.
Castelnau, Pierre de: 96.
Catalina de Aragón: 74.
Cellerier, Sicard: 94.
César, Cayo Julio: 72.
Claudio I, Tiberio Druso: 72.
Clemente V, papa: 41, 48, 49, 54, 62.
Colón, Cristóbal: 62.
Constant, Alphonse-Louis: 61.
Constantino I *el Grande*: 106, 110, 117, 118, 123.
Corazón de León, Ricardo: 74.
Cosroes de Persia: 87, 88.
Craon, Roberto de: 22.
Crescenio, obispo: 169.
Crowley, Aleister: 61.

Chalil: 109.
Charpentier, Louis: 62.
Chatel, Ferdinand: 58.

David: 127.
Delicado, Francisco: 128.
Denarnaud, Marie: 136, 137.
Disney, Walt: 67.
Domingo de Guzmán, santo: 96.
Doré, Gustavo: 144.

Eduardo I de Inglaterra: 75, 77.
Eduardo III de Inglaterra: 75.
Enrique II *de las Mercedes* de Castilla: 139.
Enrique II de Inglaterra: 73.
Enrique VIII de Inglaterra: 74.
Enrique VII Tudor: 74.
Ermesinda, condesa de Barcelona: 169.
Eschenbach, Wolfram von: 82.
Estuardo, los: 75.
Eugenio III, papa: 22.

Fabré-Palaprat, Raymond: 56, 58, 59, 61.
Federico II emperador de Occidente: 35.
Felipe Apóstol, san: 81.
Felipe IV *el Hermoso* de Francia: 40, 41, 46, 47, 50, 54, 142.
Fernando II de Aragón *el Católico*: 74.
Fernando III *el Santo* de Castilla y de León: 38, 156.
Fernando IV *el Emplazado* de Castilla: 139, 141, 142, 143, 144.
Flores Urdapilleta: 135.
Florinda o la Cava: 171, 172, 173, 175, 176, 177.
Floyeano o Floyran, Esquin: 41.
Frazer, James George: 61.
Froyran, Esquieu de: 50.

García Diego, José Antonio: 132.
Garibay, Pedro: 142.
Gassicouet: 54.
Gazal, al-: 164, 165, 166.
Gazali, al-: 148.
Gil, Teresa: 38.
Ginebra de Gales: 75.
Giustiniani, Giovanni: 112, 113, 125, 126.

Gizy, Ponsaro de: 46.
Gómez Ramírez: 37.
Grant: 121.
Guardia, Ramón de: 38, 48.

Habsburgo, los: 138.
Hammer, Joseph: 59, 60.
Hasting: 167.
Heraclio I: 88.
Hixem Ben Ishac: 128.
Honorio III, papa: 37, 38.
Horacio Flaco, Quinto: 134.
Horchon de Turquía: 114.
Hund, Karl Gotthelf: 52, 55.

Ibn Mardanish: 152.
Inocencio III, papa: 35, 96, 111.
Isabel I de Castilla *la Católica*: 74.

Jaime I *el Conquistador* de Aragón y Cataluña: 37.
Jaime II de Aragón y Cataluña: 41.
Jesús de Nazaret: 9, 11, 15, 16, 39, 42, 43, 49, 57, 59, 61, 63, 71, 81, 82, 83, 84, 88, 89, 91, 97, 138, 149.
Johnson, George Frederick: 52.
Joly, Maurice: 56.
Jorge, san: 29.
José de Arimatea: 71, 75, 81, 83.
Josefo, Flavio: 129.
Juan VI de Constantinopla: 107.
Juan Bautista, san: 29, 60.
Juan Evangelista, san: 57, 58, 61, 63, 83, 93, 94, 138.
Judas, apóstol: 71.
Julià, Pere: 113, 126.
Julián, conde don: 171, 172, 173, 174, 175, 176.
Justiniano I: 174.

Larmenius, John Mark: 57.
Ledru: 56, 57.
Lenin, Vladímir Ilich Uliánov, *llamado*: 149.
Lévi, Eliphas: *véase* Constant, Alphonse-Lovis
Lévi-Provençal, E.: 164.
Longinos (soldado): 82.
López, Ventura F.: 132.
López de Haro, Diego: 154.
Lorenzo (diácono): 87.

Lozano: 131.
Lucas, san: 44.
Lugio, Juan de: 93.
Luis VII de Francia: 33.
Luis XVI de Francia: 54.
Luis XVII de Francia: 138.
Lusignan, Guido de: 34.

Mahoma: 109, 111, 112.
Maistre, Josep del: 55.
Malmesbury, William de: 73.
Manes: 93.
Manuel II de Constantinopla: 108.
Maqqari, al-: 128.
María de Magdala: 63, 83, 138.
María de Molina de Castilla: 142.
María de Nazaret: 29, 83, 86.
Mariana, Juan de: 142, 144.
Martín I *el Humano* de Aragón y Cataluña: 87.
Martínez Siliceo, Juan: 131.
Marx, Karl: 149.
Mathieu, Jacques de: 62.
Maurois, André: 40, 62.
Merzdorf: 57.
Mirepoix, Pierre Roger de: 102.
Mohamed II de Turquía: 109, 111, 117, 119, 120, 121, 123, 124, 126.
Mohammad: 167.
Moisés: 46, 163.
Molay, Jacques de: 45, 47, 49, 53, 54, 57, 58, 59.
Monfort, Simón de: 98, 100.
Monmouth, Geoffrey de: 68, 73, 75.
Monredón, Guillén de: 36.
Montdidier, Payou de: 17.
Montreal, Aimeric de: 98.
Montreal, Guiraude de: 98.
Muhammad al-Nasir: 155, 156.
Muñoz Garnica, Manuel: 134.
Muza: 127, 128, 130, 174, 175.

Nabucodonosor II: 129.
Napoleón I Bonaparte: 58.
Napoleón III Bonaparte: 56.
Nenius: 67, 68.
Nettensheim, Agrippa de: 51.
Nicetas, obispo: 94.
Nicolai, Friedrich: 55.
Niel, F.: 103.
Nogaret, Guillermo de: 41, 44, 50.
Noirmoutier, Ermenterio de: 168.

Oghe, Batta: 117, 118.
Orbón (ingeniero): 110, 111, 115, 119, 124.
Ordoño I de Asturias: 167.

Pablo de Tarso, san: 90, 93, 149.
Partner, Peter: 51.
Payens, Hugo de: 15, 17, 22, 46.
Pedro Apóstol, san: 83, 96.
Pedro I *el Cruel* de Castilla y León: 139.
Pedro II de Aragón y Cataluña: 36.
Pedro III *el Grande* de Aragón: 139.
Pedro *el Ermitaño*: 12.
Plantard, familia: 138.
Porres, Julio: 132.
Procopio: 129.

Qamar: 156.

Rahn, Otto: 104.
Raimundo IV conde de Tolosa: 97.
Raimundo VI conde de Tolosa: 96.
Raimundo Rogelio: 36.
Ramiro I de Asturias: 161.
Ramón Berenguer IV conde de Barcelona: 36, 151.
Reuss, Theodor: 61.
Ridfort, Gerardo de: 32.
Rigaud, Hugo: 17.
Rodrigo, don: 127, 131, 171, 172, 173, 175, 176, 177.
Rollo: 169.
Rosa, Samuel: 52, 53.
Rossetti, Gabriele: 60.

Saint-Adhemar, Godofredo: 15.
Saladino: 32, 33, 34, 130.
Salomón: 13, 15, 52, 62, 127, 129, 133, 134, 135.
Sancha, doña: 36.
Sánchez de Tovar, Fernán: 142.
Sancho García: 167.
Saunière, Berenguer: 135, 136, 137, 138.
Sède, Gérard de: 63, 64.
Sigfrido: 168.

Simón, F.: 144.
Sixto II, papa: 87.
Smith, William Sydney: 59.
Spenser: 75.
Starck, Johann August: 54, 55.
Suárez de la Fuente del Sauce, Alonso: 133, 134.

Tancredo de Sicilia: 74.
Tariq: 128, 130, 174.
Tennyson, Alfred: 76.
Teodosio I *el Grande*: 113, 114, 125.
Thork: 172.
Tito, Flavio Vespasiano: 129.
Toeni, Roger de: 169.
Tour, Bartolomé de la: 44.
Trencavel, Raimon Roger: 97.
Trevelyan, George Macaulay: 72.
Troyes, Chrétien de: 82, 83.
Tudor, los: 75.
Twain, Mark: 67.

Urbano o Olbán: 176.
Urbano II: 11.

Valera, Diego de: 142.
Velasco, barón de: 135.
Viollet-le-Duc, Eugène Emmanuel: 64.

Wagner, Richard: 67, 72, 86, 87.
Weston, Jessie L.: 61.
Wifredo *el Velloso* conde de Barcelona: 139.
Witiza: 172, 173, 175.

Yaqub: 153, 154, 158.
Yusuf I: 152.
Yusuf II: 156.

Zaratrusta: 87.

E stimado lector, gracias por su confianza. Nos interesa mucho conocer su opinión para ofrecerle la mejor selección de títulos. Su colaboración es imprescindible. Rellene y envíe esta encuesta, que no necesita franqueo. Recibirá, además, el catálogo de Planeta, la mejor forma de estar al día sobre nuestras novedades.

1 TÍTULO DEL LIBRO ADQUIRIDO: _____

AUTOR: _____

FECHA ADQUISICIÓN: _____

2 TEMÁTICAS PREFERIDAS:
- ☐ Novela
- ☐ Best Seller
- ☐ Ensayo
- ☐ Ciencia Ficción
- ☐ Historia novelada
- ☐ Biografía
- ☐ Manuales y guías
- ☐ Viajes
- ☐ Otros

3 ¿CUÁNTOS LIBROS COMPRA VD. AL AÑO APROXIMADAMENTE?
- ☐ 1 libro ☐ De 2 a 3 ☐ De 3 a 5 ☐ De 5 a 10 ☐ Más de 10

4 ¿CUÁNTOS LIBROS SUELE VD. COMPRAR EN SUS VISITAS A LIBRERÍAS?
- ☐ 1 libro ☐ 2 libros ☐ 3 libros ☐ Más de 3 libros

5 ¿POR QUÉ HA COMPRADO ESTE LIBRO?
- ☐ Por el autor ☐ Por la temática ☐ Por la portada ☐ Por el precio
- ☐ Otros _____

6 ¿A TRAVÉS DE QUÉ MEDIO HA CONOCIDO ESTE LIBRO?
- ☐ Diarios ☐ Revistas ☐ Visita a librería ☐ Radio ☐ Consejo de alguien
- ☐ Otros. ¿Cuáles? _____

7 ¿QUÉ DÍA SUELE VD. LEER EL PERIÓDICO?
- ☐ Lunes a jueves ☐ Viernes ☐ Sábado ☐ Domingo
- ☐ Toda la semana ☐ No suelo leer el periódico

Rellene con letra clara y en mayúsculas

NOMBRE _____

APELLIDOS _____

CALLE _____

Nº _____ PISO _____ PUERTA _____ ESCALERA _____

POBLACIÓN _____ CÓD. POSTAL _____

PROVINCIA _____

FECHA NACIMIENTO _____ TELÉFONO _____

Nº HIJOS ☐ EDAD HIJOS ☐ 1º ☐ 2º ☐ 3º ☐ …

¡Muchísimas gracias y disfrute de su lectura!

EDITORIAL PLANETA
Córcega, 273 - 08008 Barcelona

La información que usted nos facilita permitirá adecuar nuestras ofertas a sus intereses y quedará recogida en nuestro fichero. Usted tiene derecho a acceder a esta información y cancelarla o modificarla en caso de ser errónea. Si desea que sus datos permanezcan en nuestros archivos, pero no desea recibir otras informaciones de otras empresas que pudieran ser de su interés, hágannoslo saber.

RESPUESTA COMERCIAL
Autorización nº 3.476
B.O.C. Nº 70 DE 19-8-88

EDITORIAL PLANETA
Apartado F.D. nº 340
08080 Barcelona

No necesita
sello
A franquear
en destino

Impreso en Talleres Gráficos
LIBERDUPLEX, S. L.
Constitución, 19
08014 Barcelona